○2022年度黄河交通学院校级一流专业（电子商
（编号：HHJTXY-2022ylzy03）研究成果

○2023年度黄河交通学院消费心理学课程资源库项目
（编号：HHJTXY-2023kczyk013）研究成果

○河南省教育厅新一轮重点学科（黄河交通学院工商管理学科）
建设项目（教研〔2023〕414号）研究成果

# 电商直播场景化营销策略研究

**郭苗苗　宋　辉　著**

郑州大学出版社

图书在版编目（CIP）数据

电商直播场景化营销策略研究／郭苗苗，宋辉著.

郑州：郑州大学出版社，2024. 9. -- ISBN 978-7-5773-

0551-6

Ⅰ. F713.365.2

中国国家版本馆 CIP 数据核字第 2024F62P93 号

电商直播场景化营销策略研究

DIANSHANG ZHIBO CHANGJING HUA YINGXIAO CELÜE YANJIU

| 策划编辑 | 吴 昊 | 封面设计 | 苏永生 |
|---|---|---|---|
| 责任编辑 | 吴 静 | 版式设计 | 王 微 |
| 责任校对 | 闫 习 | 责任监制 | 李瑞卿 |

| 出版发行 | 郑州大学出版社 | 地 址 | 郑州市大学路 40 号（450052） |
|---|---|---|---|
| 出 版 人 | 卢纪富 | 网 址 | http://www.zzup.cn |
| 经 销 | 全国新华书店 | 发行电话 | 0371-66966070 |
| 印 刷 | 郑州宁昌印务有限公司 | | |
| 开 本 | 710 mm×1 010 mm  1／16 | | |
| 印 张 | 13.25 | 字 数 | 206 千字 |
| 版 次 | 2024 年 9 月第 1 版 | 印 次 | 2024 年 9 月第 1 次印刷 |

| 书 号 | ISBN 978-7-5773-0551-6 | 定 价 | 58.00 元 |
|---|---|---|---|

# 前　言

　　伴随着互联网技术的不断发展与革新,人们已经步入了移动互联网时代,在这一特殊的时代中,场景化成为最主要的特征,人们的日常生活、学习、工作和娱乐都逐渐趋于场景化,这使得场景成为了移动互联网时代的典型特征。美国学者罗伯特·斯考伯和谢尔·伊斯雷尔首次将"场景"一词用到了传播学领域中,指出场景传播的时代已然来临。而电商直播是移动互联网时代的重要产物,与传统商业模式存在明显的差异性,属于一种新兴的媒介传播形式,通过建构多元化的媒介场景,为消费者提供一个"边看边买"的消费场景模式,打破了普通购物场景的局限性。基于此,本书将电商直播作为研究对象,基于场景理论、使用与满足理论、互动仪式链理论、消费者行为学理论以及营销相关理论,对电商直播场景化营销进行了具体的理论分析与实践探索。

　　本书包括五章内容。具体分工如下:郭苗苗撰写第四章、第五章,共计10.4万字;宋辉撰写第一章、第二章、第三章,共计10.2万字。第一章为绪论,运用文献分析法收集与整理了国内外学者关于电商直播、场景化营销的文献资料,并简要概述了本书研究背景、研究意义、研究思路与内容以及研究方法,确保本书研究具有较强的理论基础。第二章为相关概念界定与理论基础,对场景、营销、电商直播的基本内涵进行明晰,阐述了本书研究的理论基础。第三章为电商直播场景化的演变历程,围绕电视购物与网络直播两个方面论述了传统电商直播的主要模式,紧接着从互联网的角度分析了电商直播的精细化运营与产业链资源整合,最后总结了电商直播场景化的逐步构建。第四章为电商直播场景化营销的构成要素,主要包括基础条件

1

与呈现要素,对电商直播场景化营销的适配进行探究。第五章为电商直播场景化营销存在的问题及优化策略,基于上述研究成果,剖析了电商直播场景化营销存在的主要问题,并提出了针对性的解决建议,以期为电商直播场景化营销的有序开展提供助力。

总之,本书对电商直播场景化营销的多个方面进行了论述,展现出了电商直播场景化营销的发展历程、存在问题以及解决对策,但是由于本人能力有限,研究结果存在一定的不足之处,望相关专家学者能够给予指导意见,以期在日后的研究中进行补充与丰富,将不胜感谢。

# 目　录

# 第一章
# 绪　论

## 第一节　研究背景与意义

### 一、研究背景

2020 年初,由于受到新冠疫情的影响,新型的互联网经济业态"直播带货"成为网络直播中的主要发展模式,各个行业抓紧机遇打造多元化的电商直播场景,为电商直播生态产业的繁荣发展提供了活力。

#### (一)电商直播呈现出迅猛的发展态势

网络技术的快速发展催生了"直播+"这一新兴的商业模式,将 5G 技术、直播平台作为依托,为人、货、场之间的深度融合提供了广阔的消费空间。2016 年淘宝直播正式发布,这一年也被称为"直播元年",自这一年开始,直播在技术驱动下逐步进入移动直播的新发展时代,呈现出了明显的多元化与专业化。伴随着直播的增速发展,各种形式的平台也加入了直播大战中,这时的移动直播主要是以游戏与社交为主。随后,快手、哔哩哔哩、抖音等平台也进入了直播阵营中,逐渐模糊了直播与社交娱乐短视频的界线,促进了直播与短视频行业的融合发展。2019 年淘宝电商直播交易额将近两百亿,让社会大众看到了直播带货背后所蕴藏的流量红利,自此电商直播的时代已然来临,这一年也成了"电商直播元年"。2020 年以来,新冠疫情席卷全球,受此影响,中国形成了一种新的经济形态,也就是"宅经济"。无法到实体店消费的大众转入了互联网构建的虚拟消费场景中,电商直播满足了居家隔离的人们的消费需求,也为单一枯燥的隔离生活增添了一些娱乐元素,进而满足了消费者的情感需求。[①] 同时,疫情下的封禁管控制度对实体店造成了打击,大大小小的实体店面临着倒闭的风险,公司工厂也出现了裁员的现象。为了尽可能地减少损失,商家也不再坚持线下运营,而是积极探索电商直播,通过线上运营模式的有效构建来获得一线生机。

## (二)新常态下消费逐渐升级

中国经济已经进入了高质量发展阶段,人们的物质需求随着生活水平的逐渐提高而日渐增长,加上计算机网络技术等基础保障设施的不断更新与完善,使得消费者的需求稳步提升,进一步推动了我国消费的转型与升级。如今我国消费者不再满足于物质层面上的消费需求,而是提出了更高层次的情感与精神需求,在此过程中,消费者更加注重商品的价格是否与其实际价值相匹配,也就是"性价比",同时传统的使用价值与交换价值也逐渐替代了商品的符号价值,对消费者的消费决策产生了深刻的影响,人们开始将更多的资金投入旅游、音乐、兴趣爱好等领域中,借此达到放松心情的目标,并提升个人的审美品位。

随着智能手机的不断普及以及5G技术的发展,我国互联网进入了新的发展时代,过去十年以来,连接现实世界与虚拟世界的互联网技术,对人们的生活方式、生活习惯以及消费行为产生了影响,打破时空限制的互联网为人们线上消费行为的多元化提供了广阔的消费空间,消费者可以在虚拟的消费空间中挑选各式各样的商品。作为新兴消费群体的"90后",自出生起便生活在小康社会中,开放、多元的世界使得他们的消费理念与传统父辈们截然不同,随着消费欲望与消费主张的不断增长与更新,"90后"成为消费大军中的主导力量,对消费潮流发挥着引领的作用。如今,支付宝、物流系统等应用的出现与完善,加上各种技术带来的消费动力,使得"90后"在网络消费群体中占据着重要地位,同时,在场景时代中,年轻人更加注重场景消费,场景也就成为吸引年轻人注意力的重要营销手段,越来越多的年轻人借助虚拟产品、AR、VR等获得了丰富的消费体验,消费体验场景化已经对人们

---

的消费行为、消费体验产生了深远的影响。

可见,电商直播场景化营销值得研究,基于此,本书立足于电商直播的时代背景,对场景化营销策略进行了系统的理论分析与实践探索,以期为消费者提供良好的消费体验。

## 二、研究意义

相较于传统的购物方式,电商直播因其所具有的时空压缩、超强互动、高转化率等特点,对时空、社交、营销等进行了重构,在各种层面上实现了基于消费者需求的适配。本书从场景理论出发,主要通过参与式观察,研究电商直播场景的构建要素和过程,并进一步对电商直播的场景化营销策略展开探索,具有以下意义:

一方面,通过查阅文献发现,现有的电商直播相关研究,多局限于对电商直播概念的界定以及价值特点、发展趋势、发展困境等方面,从场景化传播角度对电商直播营销策略进行细化研究的相关文献较少。这对于后续研究电商直播相关课题的人员来说,既是机遇,也是挑战。本书对电商直播的场景化营销策略进行了展开研究,补充了电商直播领域的研究成果,同时,从场景视角去观察电商直播的营销策略也有一定程度的创新。另一方面,电商直播作为近几年新兴的媒介传播形式,也在构建着自己的场景。在电商直播中,现实场景与虚拟场景发生了混合,改变了人们的消费空间、消费行为以及消费体验,产生出一种新的消费场景,它在促进商业消费的同时也满足了人们的社交需求。越来越多的人养成了线上消费的习惯,用户的广泛参与离不开电商直播营造的场景体验以及强大的吸引力。在移动互联时代,电商直播如何更好地以场景为出发点来理解用户的行为及需求,是一个十分重要的问题。在此基础上,探究电商直播的场景建构策略以及从中发现其现存问题,基于研究提出促使电商直播场景化优化发展的建议,有很大的现实指导意义。

# 第二节　国内外研究现状综述

## 一、国外研究现状

### （一）电商直播的相关研究

国外学者对电商直播的特征进行了相关内容研究,如 S Bründl 等人(2017)在研究中指出电商直播平台体现出了鲜明的特性,主要表现在共同体验、感知效能、同步等方面。[①] R T Cenfetelli 等人(2017)认为电商直播平台具有典型的价值相容性,也表现出了明显的消费体验传递性以及商品展示等特性。[②] D J Kim(2014)认为电商直播平台与传统在线购物平台相比较,能够全方位、真实、立体地展示产品,为消费者提供良好的购物体验。[③] M Koufaris 等人(2004)认为人机互动是电商直播平台的典型特征,其中包括人机互动与人际互动两种不同的类型,人机互动关注消费者与电商直播平台之间的互动,而人际互动则以消费者与主播、卖家间的互动为主,是电商直播的特色之一。[④] S W Sussman 等人(2003)认为电商直播平台的特征以线索多重性为主,并且也具有较强的互动性特征,能够对消费者的购物体验起到

① Bründl S, Matt C, Hess T. Consumer use of social live streaming services: The influence of co‐experience and effectance on enjoyment [ J ]. European Conference on Information Systems,2017.

② Chen Z, Benbasat I, Cenfetelli R T. "Grassroots Internet Celebrity Plus Live Streaming" Activating IT‐Mediated Lifestyle Marketing Services at e‐Commerce Websites[ J ]. International Conference on Interaction Sciences,2017.

③ Kim D J. A study of the multilevel and dynamic nature of trust in e‐commerce from a cross‐stage perspective[ J ]. International Journal of Electronic Commerce,2014,19(1):11-64.

④ Koufaris M,Hampton‐Sosa W. The development of initial trust in an online company by new customers[ J ]. Information & management,2004,41(3):377-397.

正向的影响作用。[1]

　　还有部分学者探索了电商直播的应用,如 J W Collins 等人(2015)探索了网络直播在教育领域中的具体运用,指出为了实现医疗保健与教育领域之间的深度结合,可以将视频直播、社交媒体等运用其中,以此彰显直播的现实价值。[2] J B Williams 等人(2011)基于伦理学的角度提出,网络直播具有鲜明的优势,但是当保护个人隐私与涉及调查需求之间出现了矛盾时,要充分考虑网络直播的合理运用。[3]

### (二)场景化营销的相关研究

　　"场"的概念最早被物理学和数学领域所广泛运用,"场"通常被称为某一具体空间范围或特定的某一场所,其自身概念内在地包含着空间属性,在物理学和数学领域常常被认知为某类的物质或某种能量在某一空间中分布和互相作用的现象,最早由英国物理学家 James Clerk Maxwell(1846)提出用于描述某一区域电荷分布的电磁场或电场等相关概念。[4] 随后"场"的概念逐渐被大众所接受,并在物理学家不断进行科研探索的过程中,使得场的概念进一步得到演化和发展,以物理学家 Albert Einstein(1961)为例,其对"场"概念的研究和界定则是奠基于其相对论的科学理论成果,Einstein 认为"场"是容纳质量这一能量密度的空间领域,其能够同物质发挥相互作用,不仅如此,"场"也作为物理学领域的理论概念。[5] 随着电磁场、引力场等物理学研究的不断深入,"场"的概念逐渐被渗透到引力、电磁波、量子力学等多个物理学领域,综合来看,"场"的概念是伴随着物理学领域的研究不断得以

---

①　Sussman S W, Siegal W S. Informational influence in organizations: An integrated approach to knowledge adoption[J]. Information systems research,2003,14(1):47-65.

②　Collins J W, Verhagen H, Mottrie A, et al. Application and Integration of Live Streaming from Leading Robotic Centres Can Enhance Surgical Education [J]. European Urology,2015,68(5):747-749.

③　Williams J B, Mathews R, D´Amico T A. "Reality surgery"—a research ethics perspective on the live broadcast of surgical procedures[J]. Journal of surgical education,2011,68(1):58-61.

④　Clerk Maxwell J. 电磁学通论[M].北京:北京大学出版社,2014.

⑤　Einstein A, Lawson R W. Relativity:The Special and the General Theory[J]. Methuen & Co. Ltd,1961.

发展和演化,因"场"概念的特殊性和其内涵的丰富性,美国心理学家 Kurt Lewin(1947)则尝试将"场"的概念应用到社会心理学学科领域,Lewin 将物理学领域"场"的概念进行重新解构,其认为人在社会领域的各类行为是其同该人个体在同其所处社会环境中所相互作用的"场",为此其认为"场"作为一种整体性的存在,其中每一部分的性质和变化都由"场"的整体特征所决定,而这种整体特征并不等于各部分特征的总和或相加。① Lewin 将这一观点用于解释人的行为,指出人的行为是由自身内部的心理状态和自身所处外部环境的综合作用所导向的结果,正是从这一观点出发,Lewin 进一步提出群体动力学理论,探究领导对群体的影响以及群体与个体之间的相互制约关系。法国社会学家 Pierre Bourdieu(1990)在继承群体动力学理论中关于"场"的概念运用的基础上提出了"场域理论",场域被认定为社会成员按照其自身特性和逻辑性共同建设并用以参与社会活动的场所,它反映了在社会高度细节分工的基础上所建立的权力关系以及制度、文化对各种权力转化和运作所产生的各类影响。② 具体而言,场域理论为剖析社会现象提供了一种有力工具,至此"场"的发展和演化逐渐突破物理学领域的局限,开始进入社会学学科领域。

而"场"同"景"二者组合在一起使用最早是在影视创作领域,美国传播学家 Joshua Meyrowitz(1985)基于传播学理论进一步拓展"场景"的内涵,Meyrowitz认为场景不应局限于传统地理意义上的空间范畴,而应该拓展到媒介层面的空间领域。③ 其对美国社会学家 Erving Goffman(1972)的拟剧理论进行了继承和扬弃,④在否定 Goffman 场景理论中场景的固定性和静止性的基础上,强调场景是不断变化的,而变化的动力则源于媒介信息的大规模流动,Meyrowitz 的场景理论突破了传统的场景固定地理空间概念,将媒介融入

---

① Lewin K. Psychological problems in Jewish education. [J]. Jewish Social Services Quarterly,1947.

② Bourdieu P,Mahar C,Wilkes C. An Introduction to the Work of Pierre Bourdieu:The practice of theory[J]. British Journal of Sociology,1990,43(4):686.

③ Meyrowitz J. No sense of place:The impact of Electronic Media on Social Behavior [J]. Oxford University Press,1985.

④ Goffman E. 日常生活中自我呈现[M]. 北京:北京大学出版社,2008.

到场景的概念之中,突出强调媒介对空间和行为的塑造能力,为"场景"概念的发展做出了突出贡献。"场景"作为影视术语通常被认为是在某一特定的时空、环境或社会背景下综合展现出的一系列情境因素,一定时空范围内的人物、景物、环境、气氛等一系列符号的综合形成特定的场景形态,此类场景不仅仅局限于对物质空间的展示,还体现出对感情、气氛、社会关系、民俗生活习性、民族文化等文化生态语境的凝练表达,后者则能够凸显出其需要受众对"场景"产生认知和情感交流,其所反映出的非物质价值才能够得以显现,正是基于"场景"的这一特性,使其自身成为影视创作的重要手段,影视创作者通过对场景内各类元素或符号的布局和装饰从而使得"场景"在影视中能够充分发挥出叙事、塑造角色、传达主题思想等功能和作用。之后"场景"的理论开始延伸到文学创作、视觉艺术、环境设计、教育科研等多领域,而随着移动互联网技术、大数据、智能移动终端设备的不断创新和发展,"场景"理论逐渐进入国民虚拟实践的"拟态环境"视野,"场景"理论的内涵得到进一步拓展和延伸。

美国传播学家 Robert Scoble 和 Shel Israel(2014)在《即将到来的场景时代》中开始将"场景"这一概念由理论层面引入应用层面,Scoble 所提出的"场景五力"理论成为电商直播场景化营销策略中"场景化"这一概念的直接起源。[①] 场景五力理论认为,场景是由五种力量共同综合作用下实现场景内容的传播,五种力量各自发挥自身的特性为场景受众提供满足其个性化需求的传播体验,"五力"分别是指移动设备、社交媒体、大数据、传感器和定位系统,其中移动设备作为基础硬件设施,是场景五力的传播体验载体,其能够提供给受众进行实时信息交流的能力;社交媒体在场景传播中发挥着信息适配的功能,它既能够满足多元主体之间沟通连接的需求,同时也推动了信息的传播和适配;大数据是"五力"中关键组成部分,它能够对受众行为和偏好进行了解,使得各类信息的推送更为精准、有效;传感器则是在场景传播中起到收集环境信息的作用,帮助场景传播进行信息获取;定位系统能够准确定位设备的位置,使得基于位置的服务成为可能。

---

① Scoble R,Israel S. 即将到来的场景时代[M]. 北京:北京联合出版公司,2014.

## 二、国内研究现状

### (一)电商直播的相关研究

国内学者倾向于研究电商直播的有效策略,如我国学者彭国坤(2024)认为农产品在借助电商直播进行营销的过程中,应该整合资源,塑造统一的品牌形象,明确赛道,向上拓展高品质的农产品,提升配套服务质量。[①] 付淑换等人(2024)认为政府、平台和国货品牌方应不断磨合成长,探索实现国货品牌崛起的条件,努力营造良性竞争的行业氛围,为国货品牌发展提供政策支持,是政府部门扶持国货品牌崛起的必要手段。[②] 李欣(2024)认为农村企业和农民需要通过直播形式,实时向消费者展示农产品的特点、生产环境和采摘过程,通过视频和图片的展示,让消费者更直观地了解产品的品质和来源。[③] 赵晶晶、杨兰(2024)认为网络直播电商营销平台在发展中需要强化风险意识,以大数据技术为辅助,对各项数据信息开展分析和处理,建立风险防控体系,结合直播方式的差异性来考虑到风险的不同,从各阶段入手采取风险防范措施。[④] 谭红艳(2023)认为在乡村振兴背景下要发挥电商直播的优势,对资源进行合理配置,发展新型的农业经营主体,并确保农产品加工与流通的顺畅,同时政府相关部门也为其提供充足的资金支持,建设健全的农村基础设施与公共服务体系。[⑤] 马一鸣(2023)认为在农村电商直播健康发展的过程中,要围绕政策引导、物流支撑、人才保障等多个方面制定相应的解决方案,根据农村产业的现实情况,塑造特色化的产品品牌,加强电商

① 彭国坤.直播电商助力农业经济发展实践启示[J].合作经济与科技,2024(10):60-61.

② 付淑换,李琪书,顾惠等.直播电商背景下国货品牌崛起的演化机制研究[J].经济问题,2024(4):68-75.

③ 李欣.直播电商在振兴农村经济中的路径研究[J].中国集体经济,2024(7):5-8.

④ 赵晶晶,杨兰.大数据背景下网络直播电商营销管理的措施研究[J].中国储运,2024(3):202-203.

⑤ 谭红艳.乡村振兴背景下"电商直播+农文体旅"融合发展研究[J].农业技术与装备,2023(12):76-78,81.

人才的培养,以此助力农村电商直播的持续、稳定发展。① 黎思妤(2023)认为电商直播模式存在着主播素质不高、商品质量较低、直播平台恶性竞争等现实问题,为此要加强对电商直播平台的监管,设置严格的从业标准,引导消费者理性消费,进而实现电商直播模式的规范化。② 王蕊(2023)认为电商直播的快速发展为农民增收提供了新的渠道,基于此,要加强对农业直播带货的监管与指导,拓宽线上带货渠道,帮助农村地区创建特色的农业品牌,提高服务质量,积极开辟出一条适合农村地区的电商直播路径。③

### (二)场景化营销的相关研究

当前我国学者关于场景化营销的理论研究成果相对较少,从不同的角度剖析了场景化营销的模式、策略,如我国学者覃绮婧(2024)认为场景化营销是新时代提升品牌影响力的重要策略,在进行场景化营销的过程中,要充分考虑品牌定位与属性,将品牌理念、品牌故事融入特定的场景中,以此激起消费者的品牌情感。④ 姚群峰(2023)认为场景化营销的本质是激发消费者的需求,刺激消费,在场景化营销中要注重特定场景之间的关联性,适当地转变消费场景,将最终消费者作为目标客户,并根据产品的用途选择合适的场景。⑤ 刘诗琳(2023)认为打造农产品场景化专业品牌,不仅要强化农户和相关电商建立场景化品牌营销的营销意识,使其充分意识到营销成功的途径,还需要引进专业化的技术人才,建设更具吸引力的营销场景,强化农产品特色及品牌在广大消费者之间的意识。⑥ 任立英(2023)认为在企业营销过程中,重要的是品牌推广,在品牌推广中利用多角度场景进行转换,通

---

① 马一鸣.乡村振兴战略背景下农村电商直播发展的路径探析[J].中共济南市委党校学报,2023(6):67-70.

② 黎思妤.电商直播行业存在的问题及改进策略[J].产业创新研究,2023(23):102-104.

③ 王蕊.电商直播助推农村经济发展的现状、问题及对策分析[J].山西农经,2023(23):55-57.

④ 覃绮婧.新媒体时代区域公用品牌场景化营销策略探究:以梧州六堡茶为例[J].老字号品牌营销,2024(3):21-23.

⑤ 姚群峰.场景营销与产品创新[J].企业管理,2023(7):94-97.

⑥ 刘诗琳.农产品线上品牌化场景营销优化策略研究[J].商业2.0,2023(5):57-59.

过连接品牌和消费者,能使消费者了解自身的需求,在需求中加强消费者的品牌记忆。[1] 殳利华(2022)认为企业需要围绕消费者创建具有良好消费体验的场景,强化消费者在场景中的情感体验,并且可以借助跨界混搭的方式来搭建多元化的消费场景,让消费者在日常生活场景中能够获得跨界体验。[2] 宋晨明(2022)认为可以采取品牌场景化命名的方式实现移动电商购物平台场景营销的创新,以深度体验、精准营销、建立社群为核心加强场景之间的互动与沟通,并且注重多角度地布置终端场景。[3]

综上所述,国内外学者对电商直播、场景化营销进行了一系列的理论研究与实践探索,注重对电商直播路径与场景化营销策略的研究,但是很少有学者围绕电商直播与场景化营销的整合进行系统的探索,基于此,本书重点分析了电商直播要素与场景化营销之间的深度融合,在探讨中制订电商直播场景化营销的有效方案,以期为我国电商直播的进一步发展提供助力。

# 第三节　研究的整体思路、内容及研究方法

本书研究思路与内容体现在以下几个方面:

第一章为绪论,通过文献分析法对国内外研究成果进行系统的整理与分析,并简要概述本书研究背景与意义、研究思路与内容,以及在研究中所使用的研究方法,为本书接下来的撰写奠定良好的理论基础。

第二章为相关概念界定与理论基础,对本书涉及的一些概念进行解析,总结了本书研究的理论基础,主要包括场景理论、使用与满足理论、互动仪式链理论、消费者行为学理论、营销相关理论,确保本书在研究中具有较

---

[1]　任立英.星巴克场景营销策略研究[J].产业与科技论坛,2023,22(1):223-225.

[2]　殳利华.商业模式场景化创新与营销策略探讨[J].商展经济,2022(11):113-115.

[3]　宋晨明.移动电商购物平台场景营销创新策略研究[J].经济研究导刊,2022(6):58-60.

强的理论支撑。

第三章为电商直播场景化的演变历程,从传统电商直播、互联网时代电商直播两个角度入手,对电商直播模式与发展历程进行了简要概述,着重分析了电商直播场景化的逐步构建。

第四章为电商直播场景化营销的构成要素,一般来说,在电商直播场景化营销中,主要涉及移动设备、社交媒体、大数据、传感器、定位系统、商品规划等基础条件,而营销主体、营销方式、营销场景、营销效果则是呈现要素,接下来对电商直播场景化营销的适配度进行了探索,从目标人群、营销内容以及线上线下场景三个方面彰显出电商直播场景化营销适配的具体方式。

第五章为电商直播场景化营销存在的问题及优化策略,通过研究可知电商直播场景化营销具有明显的优势,表现为场景体验丰富、场景社交多元化、场景享受满足度高等方面,但不可否认的是,电商直播场景化营销存在一些问题,例如场景搭建同质化严重、过度重视利益连接、场景营销乱象丛生、虚拟现实场景交融带来的社会角色偏差等,基于此,要制订针对性的解决方案,以此推动电商直播平台的健康发展。

本书的研究方法有以下几种:

## 一、文献分析法

利用中国知网、万方数据库等综合选取"电商直播""网络直播""场景营销"等相关代表性核心期刊、硕博论文、数据报告,以及在图书馆查阅有关传播学、心理学、社会学等领域的相关理论书籍,了解电商直播的发展脉络和研究现状,充分理解吸收相关领域的科学研究成果,对相关概念进行准确的界定,以期为本书研究工作提供科学理论的支撑及经验借鉴。

## 二、对比分析法

对不同电商直播平台进行分析,通过比较其现状、传播特性、优势等方面,发现其中的共性规律和个性特点,通过论证来发现、分析、归纳问题,以期对电商直播的发展进行深入研究。

## 三、参与式观察法

为了对电商直播行业有更深入的了解，在本书的撰写过程中，笔者通过观看抖音、淘宝、快手等一些平台的电商直播间，观察不同电商直播间的场景构建，并且有选择性地购买电商主播所推荐的商品，与电商主播建立互动关系，然后结合主播、场景和平台发现并总结电商直播场景化营销过程中存在的问题。

# 第二章
# 相关概念界定与理论基础

电商直播场景化营销策略的成功实践是多领域影响因素综合作用的结果,一方面离不开我国移动互联网技术的迅速发展;另一方面,网络作为国民进行虚拟实践的主要场所,电商直播主体为契合国民在虚拟情境中进行互动性、体验性、感知性等多领域的个性化需求,不断在这一虚拟情境中运用多种符号来构建满足国民线上虚拟实践的需求场景,最终实现将场景转变为一种适配型的服务营销模式,同时构建了多元适配、消费者和商家互动融通、情感连接紧密的新型电商直播网络生态。而移动互联网技术的迅速发展属于电商直播场景化营销策略得以成功的宏观背景,而真正促使电商直播场景化营销策略得以成为电商直播营销主流模式的根本原因则是场景式营销其内容的表达和其形式的展现。

基于此,本章将结合"场景""营销""电商直播"三个主要概念的界定展开对电商直播场景化营销策略的基础性研究,同时结合场景理论、使用与满足理论、互动仪式链理论、消费者行为学理论和营销相关理论等多领域相关理论进行综合概述,探究该营销策略对受众虚拟实践需求的满足。

## 第一节    相关概念界定

"场景""营销"和"电商直播"作为本书探究电商直播场景化营销策略的基础性概念,将其概念进行准确界定对于探究电商直播的场景化模式,其对受众虚拟实践需求的作用和辐射,场景内各类符号和要素对电商营销所起的作用和价值等领域具有重要的启示作用。

# 一、场景的基本内容

## (一)场景与情境的区别

通常时候,场景是指文学作品、电影、戏剧等艺术作品中的场面,也泛指情景。可以理解为,在某一空间、时间内发生的行为,或者人的行为的表现过程,或者是由人物关系构成的具体画面。美国学者罗伯特·斯考伯在《即将到来的场景时代》一书中最早提出了场景的概念,"Context"被译为"场景"。在这里的 Context 也有情境的意思。情境的意思可以理解为,一定时间内各种情形的综合。情境和场景有一定的区别,场景从字义看,空间感更强,情境更多偏向于心理层面。

## (二)场景的概念发展历程

随着场景在移动互联网领域的蓬勃发展,国内传播学者对场景的应用、内涵和外延则做出了更为深入的研究和阐释,以彭兰教授为例,其主要针对构成场景的基本要素进行具体阐述,认为构成场景的实质和目的性在于更为精准地向受众传达信息,因此在场景的整体塑造中应包含契合受众实时状态、生活惯性、社交氛围的空间环境。[①] 而在电商直播领域,以彭兰教授的观点来看,电商直播场景的构建应以消费者的需求和体验为核心,基于电商自身商品、品牌创造出与预期消费者实际需求高度匹配的场景,以此来吸引消费者并提高消费者的消费意愿。喻国明教授也强调场景应以提供满足受众的服务为核心,根据不同的需求来设计相应的场景。此外,喻国明教授还通过进一步探究 AI 技术、VR 技术对场景的影响,认为新技术将有能力创造出更为真实、沉浸感的场景,其认为场景的发展终将不再局限于对受众需求的满足,而是能够成为重构社会关系、调整赋权模式的全新范式。吴声在《场景革命:重构人与商业的连接》一书中认为,场景表现为与游戏、社交、购物等互联网行为相关、通过支付完成闭环的应用形态。邵书楷在《场景理论的内容框架与困境对策》中,将"场景"一词,从"场"和"景"两个方面来理

---

① 彭兰.场景:移动时代媒体的新要素[J].新闻记者,2015(3):20-27.

解。首先,"场"本来就是物理学概念,"场"是一个整体性的存在,其中每一部分的变化都是整体的"场"的特征决定的。之后传播学者库尔特·勒温,把"场"应用于社会心理学研究,他认为一个群体就是一个场,是一个整体,其中群体起决定性作用而非个体。布尔迪厄在这个理解的基础上提出了"场域"的概念,认为"场域"才是社会科学研究操作的起点。在此之后,舆论场、新闻场等概念便衍生出来。郜书楷教授在梳理"景"的概念时,从影视创作出发,联系到居伊·德波的《景观社会》,书中认为,景观体系中,符号胜过事物,表象胜过现实,现象胜过本质。由此提醒人们要注意景观带给视觉的欺骗。

　　无论从传播学、社会学还是营销学来理解场景,都是为了能够更好地应用场景。在这里借鉴郜书楷教授的分析,并认为在一定程度上可以把"场景"理解为"场域"。布尔迪厄在场域理论中认为,场域是不同位置之间存在的网络或者构型的客观关系,这些位置受到客观的限制。场域并不是一般意义上的领域,所以不能理解为被一定边界物包围的领地,而是有力量、生气和潜力的存在。首先,场域之间是没有边界的。这使得场域自身有不断扩展的可能,同时,场域和场域之间存在相互影响的关系。其次,场域内充满竞争性。由于场域之间存在"资本"的不平衡性,所以各个场域之间存在竞争,旨在保持自身或者改变自身的位置。比如,在新闻场域内,场域内成员对收视率等的争夺就是在争夺新闻场域内的位置。最后,场域是具有自主性的。这是因为其他场域的结构不能直接决定某一场域的结构。某一场域内的结构不能决定它次生场域的结构或者规则。比如,新闻场域是文学场域的一个次生场域,但是却不是文学场域中的隶属部分,新闻场域是存在一定自主性的。

　　在布尔迪厄场域理论中,场域、关系和资本三个概念是缺一不可的,这三个概念是紧密联系在一起的。布尔迪厄认为"场"是行动者的位置空间,通过对行动者位置空间的分析,为"关系分析"提供了思路。惯习和场域是相互联系的,在惯习的作用下,场域才能够产生作用。[①] 场域中包含资

① 杨鸿.农村直播电商场景化运营实战研究[J].中国果树,2023(9):149.

本,场域的竞争性来自对资本的竞争,由此可以得知,资本是影响场域位置变化和力量的主要因素。布尔迪厄认为,资本是场域研究的重点。惯习体现出了资本的不同状态,同时也是获得资本的必需条件。但是,惯习同时也是由资本决定的。

"惯习是人们以某种方式进行感知、感觉、行动和思考的倾向,这种倾向是每个人由于自身生存的客观条件和社会经历而通常以无意识的方式内化并纳入自身的。"布尔迪厄认为,惯习已经存在于人们的身体中,具有稳定性。但是在场域的位置和其中的资本含量也会影响着惯习的形成。资本是在一定客观条件下,社会成员对劳动产品的积累而成的。资本占有者之间存在竞争关系,这种竞争关系会调节成员间的行为关系,从而促使利益的出现。布尔迪厄认为,现代社会是由许多"小系统"组成的,而其中的每一个"小系统"就是"场域"。场域在惯习和资本的作用下构建起来,所以每个场域都有自身的逻辑性和自主性。通过对场域概念的理解,我们可以将移动互联网视作一个新媒体场域,在这个场域内有力量的竞争和惯习的影响。在这个场域内,媒介、消费者和营销人员基于移动互联网建构起了相互关系。同时,场景也是作为有竞争性、自主性,并且有一定规则性的客观实在。

以"场景"概念的发展来看,"场景"从单纯的物理学领域的时空概念逐渐拓展到社会心理学研究领域,使得"场景"由对客观世界的研究转为对人主观世界和行为的研究,而后"场景"被借鉴到影视创作和传播学领域,因其内涵和外延不断拓展以及各领域对"场景"概念界定的精细化,使得"场景"这一概念逐渐具有电商直播场景化营销策略中"场景"定义的雏形,而结合喻国明教授对"场景"这一概念的解读来看,"场景"这一概念也将超越现阶段相应概念的"束缚",随着人们对其的认知和拓展以及新技术的不断研发和应用,不断得以更新和发展。

### (三)场景的分类

现实场景一般可以分为固定场景和移动场景。在这里,固定场景和移动场景是相互交叉存在的,固定场景中会有移动场景,移动场景中也会有固定场景。移动场景有固定参照物的时候才能称之为移动场景,固定场景则是移动场景的参照物。在移动互联网广告营销中,可以根据产生场景的环境不同分为原生场景、网生场景和融合场景。由传统市场营销而来的场景称为原生场景,原生场景直接可以满足消费者的现实日常生活需求,并且和消费者的生活方式息息相关。比如传统的超市零售、独立书店的存在都是原生场景的代表。随着互联网的深入发展,网生场景开始出现,这是互联网催生的新场景。技术的创新是网生场景的基础,其特征是为用户提供需求,而不是出现用户需求再提供。比如微信的出现,为用户提供了相较于QQ更为便捷的聊天工具,从而吸引了更多的用户加入。二次元网站的出现,聚集了大量的亚文化群体,这是原生场景不能做到的。微信朋友圈和哔哩哔哩的出现就是网生场景的创新代表。融合场景,即线上+线下场景化营销的场景,融合场景的目标就是优化提高用户的体验。随着移动互联网技术和4G的推广,这种融合场景越来越多地出现在人们的生活之中。比较有代表性的融合场景就是出行场景,将网生场景中的支付场景和原生场景中的住宿和旅行业务联合起来,使消费者生活更为便利。

在互联网发展初期,原生场景和网生场景可能并不存在交叉,然而随着技术的进步,网生场景能够存在于原生场景中,原生场景也可以存在于相应的网生场景中。[①] 在移动互联网发展的今天,网生场景的数量越来越多,也开始有了自身的原生场景,有的甚至开始与异质原生场景相融合,从而使得曾经的原生场景和网生场景之间的界线逐渐模糊。在这里笔者也将这种界限越来越模糊的场景认为是融合场景。融合场景更多地体现在企业在线上场景中获取消费者,在线下场景中为消费者提供现实体验。

另一种分类,是根据应用情况分类,可以将应用中的场景分为出行场景、家庭场景、购物场景、餐饮场景和休闲场景等。出行场景的现行代表工具是共享单车,在移动应用上寻找单车和支付码,在现实生活中体验单车出行。有在互联网上预订家政服务,线下场景中接受家政服务的家庭场景。

---

① 张旭.浅谈读者需求场景化的思维与方法[J].科技与出版,2022(12):62-66.

## 二、营销的基本内容

### (一)营销的概念界定

随着各学者对营销内涵的丰富,目前学术界针对营销尚未形成普遍统一认可的概念界定,本书借鉴杨柏欢、丁阳、李亚子在《市场营销理论与应用》中对营销概念的定义,将营销界定为:企业发挥或发掘消费者需求,促使消费者了解该产品进而购买该产品的消费过程,它是一种创造、沟通、传播和交换产品中,为顾客、客户、合作伙伴以及整个社会带来经济价值的活动、过程和体系。

### (二)网络营销的概念

随着我国移动互联网技术的迅速发展、移动互联网网民普及率的日益飙升以及电子商务平台网站的日臻完善,营销概念开始转移到网络之中,网络营销成为市场环境和消费者行为综合作用的必然结果。目前,由于网络营销的概念作为新兴的定义,各领域专家学者对其概念的界定并没有完整统一的标准,本书通过整合目前国内专家学者对网络营销概念的界定,最终将网络营销概念定义为:基于移动互联网和网络关系,以网络媒体、社交平台为载体,向受众和消费者传递有价值的产品和服务等相关信息,辅助消费者满足需求和企业实现营销目标的一种企业运营方式。[①] 网络营销并非特定的概念,构成网络营销这一运营模式的各类流程中,包含着固定因素及变动因素,其中对营销方法的运用、媒介载体的运用、营销过程的整体规划、实施和运营都是复杂多变的,从而产生多种多样的网络营销模式,形成广泛的网络营销体系。网络之所以能够成为实施营销策略的主要领域,最直接的关联因素在于互联网自身所具有的交互属性、海量信息属性、传播速度快捷属性等,借助网络的各类优势属性,网络营销能够显著区别于传统营销模式,展现出自身独有的特征。

---

① 赵晶晶,杨兰.大数据背景下网络直播电商营销管理的措施研究[J].中国储运,2024(3):202-203.

### （三）网络营销的特征

网络营销的特征主要体现在跨时空性、交互性、个性化、整合性、高效性和经济性六个主要方面。

1. 跨时空性

网络营销依托互联网不受时间和空间限制的特性,使得营销策略的实施突破了传统时间和地理空间的限制,为企业营销提供更多的可能性,同时消费者的消费行为同样也可以不因时间和空间的限制而可以实现即时满足。

2. 交互性

因为互联网自身所具有的社交属性,电商可以依托某种渠道和路径同消费者之间建立沟通和联系,电子商务企业传递商品服务特征、图像、声音等信息,消费者则通过互联网渠道反馈自身需求,以此实现电子商务企业同消费者之间的二元互动。

3. 个性化

互联网自身的海量数据、快速运算能力和社交属性,有利于电子商务企业同消费者实现一对一的沟通和交流,以及企业预期消费者的精准营销信息投放。网络营销能够根据消费者自身的偏好和需求从而提供个性化推广信息,以此来提高消费者的满意度和忠诚度。

4. 整合性

网络营销可以整合互联网资源,从而利用各种信息传输渠道实施各类营销手段,例如在短视频平台进行广告推送,实现营销策略同其他娱乐行业之间的融合等,网络营销的整合性能够有效避免因营销人员和营销区域不同而造成的信息传达误差,从而达到更有效的营销目的。

5. 高效性

网络营销能够借助网络大数据计算的特性,通过大数据运算和查询相关信息,能够及时跟进和预测市场需求和市场预期变化情况,能够结合自身企业产品特性及时调整或更新自身的产品、价格、渠道等,从而更为有效地满足消费者需求。

6.经济性

网络营销建立在由移动互联网为基础的虚拟网络空间中,因此网络营销不仅能够摆脱地理空间和时间的限制,还能够有效降低线下店面、仓库租赁和人力成本等。

以上网络营销的特征使得网络营销区别于传统营销,在市场营销中发挥着越来越重要的作用。

**(四)传统营销与网络营销的联系与区别**

传统营销与网络营销之间既有共同之处,又存在着显著的区别。传统营销作为网络营销的基础,网络营销理论是对传统营销理论的借鉴和创新,而网络营销作为传统营销的创新,在具体营销策略的实施方面又存在着较大的变动性。

1.传统营销与网络营销的共性

从网络营销和传统营销的共同性来看,具有如下几点。

(1)网络营销和传统营销都是营销活动的一种表现形式。

(2)网络营销和传统营销都需要在企业既定战略目标的基础下进行。

(3)网络营销和传统营销活动的出发点都是满足客户和市场的需求。

2.传统营销与网络营销的区别

从网络营销和传统营销的区别来看,具体有如下几点。

(1)在产品和服务方面,网络营销有更大的可操作性,传统营销受空间和时间限制较大。

(2)在成本控制上,网络营销的硬件成本较低,而随着互联网电商企业竞争的日趋激烈,网络营销成本将会体现在以流量为主的大数据技术运用、视频广告营销等领域。

(3)在便利性方面,网络营销因自身不受时空限制,而且因信息量容纳性大等特点,网络营销相对于传统营销而言更为便利。

(4)在沟通方面,网络营销更易于获取目标消费者的精准需求。

网络关系营销自20世纪末以来颇受营销界的青睐。从宏观层面来讲,网络关系营销基于市场营销的基础理论和宏观市场因素对整体营销产生影响;从微观层面上来讲,网络营销帮助企业应对不断变化的客群关系,使得企业从单一买卖向可持续合作发展,帮助企业提高消费者黏性。总的来说,网络关系营销的基本立足点是依托互联网的独特优势,建立、维持和促进与顾客和其他商业伙伴之间的关系,以实现参与各方的目标,从而形成一种兼顾各方利益的长期关系。

# 三、电商直播的基本内容

## (一)电商直播的概念

电商直播的概念最早可以追溯到早期的电视购物模式,随着移动互联网技术的迅速发展,电商直播逐渐开始拓展到网络领域,在各类电商平台所提供的技术服务下,电商直播开始在网络领域迅猛发展。2016 年我国线上购物平台"淘宝网"率先推出平台购物推介直播功能,从而实现将"电商"与"直播"二者融合。在各类技术进步、市场占有率稳步提升、直播模式和内容不断创新和丰富的宏观背景下,电商直播所占有的市场份额开始不断扩大,以电商直播模式开展业务的企业也逐渐从最初的美妆、服装等少数领域逐渐拓展到国民日常消费的各类领域中,而开展电商直播的主体也从最初的企业主体逐渐拓展到"主播""网红"和网民群体。同时电商直播概念自身也不再局限于传统电商直播概念的"束缚",它不仅塑造了一种新型的购物模式,更能够赋予消费者以社交、娱乐、购物等为一体的综合服务体验。[①] 未来,随着 AI 技术、移动互联网技术、大数据技术的进一步发展,电商直播将迎来更为广阔的发展空间,同时也将为消费者提供更为精准化、个性化的购物服务体验。目前,国内外学者针对"电商直播"概念的界定大致相同,本书通过整合目前国内学者对电商直播这一概念定义的基础上将"电商直播"概念界定为:电商直播作为电商和直播在数字化背景下双向融合而成的结果,其以互联网直播平台为载体,实时展示产品特征,同时能够通过构建互动等行为模式,为消费者提供及时、丰富、完善的产品展示,从而引导消费者购买的一种新型电商直播销售模式。

---

① 付淑换,李琪书,顾惠,等.直播电商背景下国货品牌崛起的演化机制研究[J].经济问题,2024(4):68-75.

### （二）电商直播的特征

电商直播同传统营销模式相比，电商直播具有强互动性、虚拟场景性和去中心化三个主要特征。

1.强互动性

电商直播的特征主要是在同传统电商模式的对比之中得到体现的，因此电商直播对直播特性的融合作为电商直播最为突出的特征，在各类资源禀赋和技术加持下构成了电商直播自身的强互动性。[①]

（1）移动电商直播借助互联网自身的优势，使得电商直播能够突破地理空间和特定时间的限制，创造"共时"和"共在"的购物场景和社交场景，消费者不再局限于传统电视直播购物模式被动信息接收者的身份束缚，从而转为消费者主动选择、电商直播实时精准提供交互式服务的全新电商直播沟通范式，这种双向互动式的电商直播模式不仅有助于电商直播方能够精准定位商品或服务的需求客体，同时消费者也能够基于自身需求快速搜索自己想要的商品或服务，并同电商直播主体建立互动联系，降低时间和人力成本。

（2）强互动性还体现在电商直播主体和受众双方交互的广泛性、有效性方面，移动电商直播建构的直播间具有虚拟网络社群和圈层化传播的特色，电商直播能够借助直播自身所具有的社交属性实现主播对各类产品和服务的精准介绍和营销推广，而直播受众能够借助直播形式的各类交互渠道（弹幕、评论、连线）来发挥自身对产品或服务的意见、疑问等信息，同时其他受众同主播之间的交流也能够为该受众自身提供产品或服务某一方面的具体信息，进而实现互动交流的即时、有效。此外，电商直播的广泛性作为其强互动性最基础也是最重要的组成部分，随着移动互联网技术的革新和国民网络普及率的迅速飞跃，奠基了我国广泛的电商直播受众群体。近年来，电商直播同多频道网络（Multi-Channel Network，MCN）机构之间展开合作，将电商直播同"网红经济"二者融合，借助"网红"庞大的粉丝量基础，开辟了关键意见领袖(Key Opinion Leader,KOL)电商直播带货等新模式,电商直播可以通过邀请明星、发送互动口令红包、营造娱乐氛围等多种多样的形式吸引广泛受众涌入电商直播中,这种戏剧性、吸引性、娱乐性的内容营销模式为电商直播吸引了广泛的受众群体,而通过头部主播的宣传和推广,受众会因信任感、粉丝黏性等因素转变为电商直播的消费者,此外,受众之间也能够通过对产品信息的直接反馈来进行产品的二次网络营销,进而实现受众群体转变为消费者的良性循环。

2.虚拟场景性

电商直播将传统地理空间的商务营销行为和消费者消费行为转移到虚拟的网络空间中,由于网络空间的虚拟性,电商直播可以构建同线下地理空间相似甚至是超越传统线下交易模式的新型交易场景,主播对产品或服务的推介、消费者对产品或服务的购买都因网络虚拟空间的特性而得到重新解构。

(1)主播对产品或服务的推介完全区别于传统线下对商品介绍的单一推介模式,线上主播利用网络的社交属性可以根据目标消费者的特征构建与之匹配的消费情境,从而使得消费者更易于被主播所营造的虚拟营销场景所吸引;同时因主播对场景内容的把控和元素的调配能够进一步激发消费者的购物情绪,这种虚拟场景性的构建赋予电商直播更多的营销可能性。这种虚拟场景的构建削弱了电商直播的直接营销意图,消费者在电商直播内容的引导或气氛的带动下,以一种高沉浸性和高体验感的模式融到电商直播中,从而使得受众以更具主动性的方式来推动自身向消费者身份进行转变。

(2)电商直播通过对虚拟场景的构建,通过各类符号性元素来逐渐实现"人—货—场"的协调统一。①以"人"这一要素来看,此处"人"的概念既是指电商主播,同时也指观看电商直播的受众。电商主播往往是 MCN 机构所包装或营销出的人物形象,此类主播既具有一定的粉丝数量,还具有一整个以电商主播为核心的运营、内容宣发、场景设置、资源对接、内容策划的专业营销团队,受众在观看主播的直播营销内容时会因为主播的内容策划和氛围营造而融入电商直播的整体营销节奏中来,并且通过主播与受众之间的互动,加强主播和受众二者之间的紧密连接。电商直播的各类视觉元素、听觉元素的融合赋予受众一种沉浸式虚拟场景体验,在此类场景和内容的引导下,受众的消费意识逐渐得到刺激,进而产生最终的消费行为;②以"货"这一要素来看,"货"作为电商营销的主要内容,电商直播的货物往往因互联网技术所赋予的便利性而削减货物储存、运输等方面成本的费用,这也使得电商直播可以通过压缩货物价格来赢得价格优势。目前电商直播货物的营销模式主要分为以企业厂商专业直播部门人员负责的直营式营销模式和聘请 MCN 机构网络红人进行"带货"的代销模式,无论是直营式还是代销模式都能够借助电商直播的虚拟场景性优势获取更高的利润份额。① ③以"场"这一要素来看,美国社会学家 Erving Goffman 的拟剧理论将以"电商直播"为代表的场景看作主播进行表演的戏剧舞台,主播按照设定的剧本和内容进行演绎自身的人物形象,还能够通过对特定内容的策划和演绎,获取受众信任感、提高受众的参与性。此外,由于互联网某些直播平台的"信息茧房"效应从而使得受众和主播能够精准匹配,主播能够通过对直播数据反馈来评定自身虚拟场景构建的效果,再结合主要受众而精准匹配同受众心理需求相契合的虚拟性场景。

### 3. 去中心化

移动互联网的迅猛发展既提高国民移动互联网的普及率同时也降低了电商直播的门槛,电商直播的种类和数量、受众和消费者的数量都呈现出不断攀升的趋势,加之直播呈现多元化、交互式的发展趋势,从而使得电商直播呈现出去中心化的特征。

(1)受众参与性,在电商直播的过程中受众能够通过各种路径和渠道(弹幕、评论)来同主播进行互动交流,受众自身在参与电商直播的总体过程中,自身也转化为电商直播营销的一部分,受众与主播的界线逐渐消弭。②

(2)内容多样化,电商直播的主播不再局限于商品推介和营销者的身份,而是能够以体验者的身份来介绍营销产品,这种模式能够增强受众对主

---

① 郭清琳.直播带货营销模式优化思考[J].合作经济与科技,2024(5):82-83.

② 温韬,王计花.电商直播业发展路径与对策研究:以大连市为例[J].大理大学学报,2024,9(1):112-119.

播身份的认同感,从而产生购买意愿和购买行为。

(3)电商直播的社交属性,使得受众在观看直播的过程中不仅能够同主播进行二元互动,其自身也能够同其他受众展开互动交流,建立社群关系,以此通过受众之间信息的传递,更有助于受众增加对其自身所购买产品的信任感。

# 第二节　理论概述

针对电商直播场景化营销策略的研究既需要从基本概念入手,阐释电商直播场景化营销的缘由和发展历程,同时也需要探究其相应的理论价值。研究电商直播场景化营销策略对受众虚拟实践需求的满足和对消费者行为动机的引导,有助于深层次地探究电商直播场景化营销成功的根本因素。为此,本节将结合场景理论、使用与满足理论、互动仪式链理论、消费者行为理论和营销相关理论来综合探究电商直播场景化营销模式与消费者之间的各类关系,从而更好地从中剖析电商直播场景化营销策略的优势性因素,有益于未来针对电商直播场景化营销策略不断进行优化和完善,并为我国电商直播其他营销模式和营销策略的研究提供借鉴和参考。

## 一、场景理论

### (一)场景的含义

场景在学术研究中的概念早期是由芝加哥学派的社会学家埃尔文·戈夫曼(Erving Goffman)提出的。1945—1951年,戈夫曼在设得兰群岛从事社会研究工作,通过实地观察佃户社区中佃农的社会行为,戈夫曼创作了《日常生活中的自我呈现》一书。在这本书中,他将人类的"社会情景"(social situation)比喻为"戏剧舞台"(theatrical stage),将人类在社会生活的行为比喻为戏剧表演,每个人都在不同的社会背景下扮演着不同的角色。① 戈夫曼认为当一个人出现在另一个人面前时,情境就产生了。在戈夫曼的研究中,"情景"作为"舞台"是一个实体地点,是"所有的可以感知到界限存在的、限定的地方",具有稳定、静止的性质。但伴随着电视、广播等电子媒介的出现,传统社会情景中的物理空间界限被打破,新的媒介创造出了新的情景模式。传播学教授梅罗维茨在戈夫曼的理论基础上,提出了"媒介情境"(media situation)的概念。梅罗维茨认为,戈夫曼的场景理论仅适用于人与人面对面交往的场景,而电子媒介使得原本处于不同场景中的人们的角色发生了改变,进而影响到了人的行为。梅罗维茨认为情境是一种信息系统,这个信息系统包含了物质场所和媒介,即"地点和媒介一同影响了人们的交往模式和社会信息的传播模式。"物质地点在场景中的决定性作用开始减弱,电子媒介对行为的影响变得更加深入。随着互联网时代的到来,媒介技术又发生了全新的变化。罗伯特·斯考伯(Robert Scoble)和谢尔·伊斯雷尔(Shel Israel)所著的《即将到来的场景时代》一书的英文名是"The Age of Context"。从电子媒介时代的"情景"(situation)到移动互联时代的"场景"(context),场景的含义再一次产生了变化。"context"一词有上下文的含义,代表对场景的研究除了关注用户当下的时空之外,同时关注用户行动的上下环节。如果说电子媒介拉近了不同物理空间中人们的距离,使得人们处于一个共同的场景之中,那么移动互联网的出现则使场景变得更加个性化。一方面,社会信息能够借助场景技术实现更有针对性的传播,另一方面,人们也可以根据自身的行为习惯和实时状态,在广泛的社交中形成更小众的场景。由于移动设备的不断发展,媒介不仅与人处在同一时空,并且能够随人的移动而改变地理位置,场景的地域语境与媒介语境具有了一致性,人们接收到的社会信息又再次与自身所处的物理空间相互关联。因此,在移动互联时代,物理空间的意义重新开始显现,它成为现代场景概念中的重要组成部分。

以上是社会学和传播学关于场景理论研究的发展概况,另外在城市经

---

① 李依麦.场景理论视域下电商直播的社群效应研究[J].湖南工业职业技术学院学报,2023,23(4):38—41.

济学和营销学领域的"服务场景"（service scape）理论也为场景要素的研究提供了参考方向。城市发展经济学的场景理论（The Theory of Scenes）是Clark 和 Silver 在 21 世纪初提出的研究城市发展的理论。该理论提出城市空间是汇集各种消费符号的文化价值混合体，不同的城市空间展现出特定的文化价值，吸引着特定的消费群体进行文化活动，从而促进城市的经济发展。现代营销学家 Kotler 在 1973 年提出了有形环境的概念，并指出有形环境能够影响消费者的决策，并将这种经过精心设计的有形环境称为"氛围"（atmospherics）。1992 年，美国服务营销学家 Bitner 对有形环境做了进一步的归纳，用"服务场景"一词概括服务业中人为设计的所有物理环境要素。1994 年，Baker 等提出除了物理要素之外，服务人员与顾客的互动也会对顾客的决策行为产生影响，因此提出将社会要素纳入服务场景范畴，将服务场景的要素分为氛围要素、设计要素和社会要素。自此，服务场景要素的基本框架形成，服务场景主要被划分为物理要素与社会要素两类，后继其他领域的学者在这种分类基础上将场景要素继续不断细分调整，丰富了服务场景理论的内涵。

目前场景理论已被运用到多个领域中，而本书所探究场景理论则是更侧重于从传播学的角度来探究场景理论的概念，同其他学科领域的场景理论有所区别。本书在阐释"场景"概念过程中探究了美国社会学家 Erving Goffman 的拟剧理论、Joshua Meyrowitz 的场景理论、美国传播学家 Robert Scoble 和 Shel Israel 的"场景五力"理论对场景概念的丰富和拓展。近年来，相对于国外而言，我国电商直播场景化营销策略发展趋势明显超越国外电商直播的发展趋势，同时在针对电商直播"场景理论"的研究中，国内学者对其阐述得更为具体，同时也更为完善。以学者喻国明针对场景理论的研究为例，喻国明等人（2016）在《互联网时代的新权力范式："关系赋权"——"连接一切"场景下的社会关系的重组与权力格局的变迁》一文中结合场景和时代两个重要因素的关系展开分析，认为在新时代互联网技术迅速发展的趋势下，以互联网技术为基底的"虚拟场景"作为互联网技术同社会协同演进的群体性现象，发生于社交媒体建构的嵌套性关系网络中，互联网用户在大规模的内容生产、传播、交互、共享中自发地协同合作，个体的力量在无线连接中聚合、放大、爆发,为社会中相对无权者赋予话语权和行动权。①喻国明等人在《互联网时代的新权力范式:"关系赋权"——"连接一切"场景下的社会关系的重组与权力格局的变迁》中从传播学角度和社会学角度对场景理论的概念进行拓展,认为"场景理论"不仅仅局限于对受众虚拟服务体验的适配和精准信息的推送,更为关键的作用体现在它是重构关系赋权模式的关键推手。由此可见,喻国明等人认为线上虚拟场景能够改变传统场景话语权力结构,从而使得个体在"场景"中能够获得相对权力,构建新的关系范式。此外,喻国明等人在《场景:5G时代VR改写传播领域的关键应用》和《5G时代"视频+"的重要应用场景研究》中重点指出未来5G技术和VR技术的发展将为"虚拟场景"的价值呈现注入新的活力,"虚拟场景"的价值将在游戏、直播、社交等各个领域得到进一步凸显,同时场景理论概念的内涵和外延也将随着其应用价值和技术元素的融入而不断得到拓展。②③总的来说,喻国明等人旨在通过探究场景理论的价值来不断革新场景理论的概念。

### (二)场景的构成要素

通过整合国内学者针对"场景理论"的定义和研究,经过对其进行筛选、整合、规范,现对"场景理论"的概述如下。

"场景"理论作为在特定的情境下,通过多维度、多角度的信息传递,实现个体与个体、个体与群体、群体与群体间的信息交流与互动。从构成场景的要素分析来看,场景理论由空间要素、信息要素、媒介要素和人群要素组成。

### 1.空间要素

构成"场景"的空间要素决定其组建"场景"的基本特性,"场景"既可以

---

① 喻国明,马慧.互联网时代的新权力范式:"关系赋权"——"连接一切"场景下的社会关系的重组与权力格局的变迁[J].国际新闻界,2016,38(10):6-27.

② 喻国明,王佳鑫,马子越.场景:5G时代VR改写传播领域的关键应用[J].现代视听,2019(8):31-35.

③ 喻国明,杨雅,曲慧,等.5G时代"视频+"的重要应用场景研究[J].中国编辑,2020(11):9-15.

在传统地理意义上的实体空间中加以构建,同时也可以依托互联网技术在虚拟网络领域进行空间的建构,而后者则是电商直播场景化营销策略开展的基本构成因素。

2.信息要素

信息要素作为场景的核心,其内容包括构成场景的文字、物体、图片、音频和视频等各类元素。在一定空间范围内由各类信息要素的有机融合来综合体现其所组成场景的本质属性,因此可以将空间要素看作构建场景的“形式”,而信息要素则是构建场景的“内容”。

3.人群要素

人群既作为场景内容的传播者,同时也是场景内容的受众,传播者根据目标受众需求来进行调整、修改场景内容输出,从而实现场景对受众需求的适配,而受众不仅会作为场景内容的传播对象,同时还会因为对场景内容构建的参与,从而成为其所融入场景的一部分。

4.媒介要素

媒介作为场景信息同受众多元沟通的渠道,例如在电商直播中,弹幕、评论、视频连线等都作为信息传播的载体和工具,它们推动主播和消费者进行互动交流,发挥着媒介作用。

### (三)场景的分类

根据不同的划分维度,场景可以有多种分类方式。

1.根据界面形式划分

界面是指信息传播者和信息接收者之间关系赖以建立和维系的接触面。场景根据界面形式可以分为虚拟场景、现实场景和现实增强场景。虚拟场景可以是虚拟的网络空间,也可以是通过电影、戏剧、文字构建的虚拟故事。虚拟场景为人们提供进入娱乐、社交的端口。而现实生活场景则是基于现实界面,形成于现实生活的场景环境,包括办公室、教室、咖啡厅、公交站等,是能够为受众提供体验、交流、服务的空间。另外随着人工智能、VR、AR 等技术的发展进步,生活中也出现了融合虚拟和现实空间的现实增强场景。

**2. 根据场景的功能划分**

根据马斯洛需求层次理论,将能够满足受众生理需求、安全需求等基本生活需求的场景定义为实用性功能场景,如餐厅、酒店、线上支付平台、线上点餐系统等;将满足受众社交需求、尊重需求、自我实现需求等更高层次需求的场景归纳为社会性功能场景,如酒吧、教堂、电影院、社交平台等。

### (四)场景传播效果分析

"场景理论"对受众产生影响,激发其消费动机、产生消费行为的整段流程需要结合场景传播理论来进行深入剖析。在场景传播理论中,场景传播效果的最终决定因素为目标受众的心理预期需求,因此,要实现良好的场景传播效果,就需要针对目标受众需求、偏好等因素,也就是结合受众画像来进行场景构建、场景识别、场景匹配、数据反馈和场景传播效果评估。

**1. 受众画像**

受众画像作为电商直播场景化营销策略的重要组成部分,作为实现"人—货—场"协调统一的关键因素,对目标受众需求、喜好的认知程度直接影响后续电商直播效果的优劣。受众画像就是通过获取目标受众的消费习惯、需求和喜好等基本信息来与之匹配相适应的电商直播场景,同时电商主体还能够结合目标受众的需求从而制定相应的营销策略。

**2. 场景构建**

场景构建是根据受众画像的数据,创造性地对虚拟网络空间进行有意识的设计,从而创造出迎合受众需求、刺激受众产生消费动机和消费行为的特定情境。在场景构建的过程中需要考虑多元因素,其中既包括视觉因素、音乐音效等听觉因素,同时还可能需要通过对主播人物形象和剧本进行设计,营造电商直播场景独特的氛围感或者戏剧性,以此带动受众沉浸在场景内容输出中。未来随着人工智能技术和移动互联网技术的迅猛发展,电商直播所构建的场景将大幅度提升受众的沉浸式体验感,从而为受众提供更高质量的服务体验。

**3. 场景识别**

场景识别作为目标受众筛选电商直播场景的环节,目标受众在以往的消费体验过程中形成了固定的消费心理预期结构图示,为此目标受众会结合自身的心理预期来对自身所观看的直播场景进行评判。场景所传播的内容契合目标受众需求,就有助于留住受众,吸引受众参与到同场景的互动过程中来;场景传播的内容在价值或者服务领域难以契合受众需求,就会使得场景传播效果削减,甚至对场景内容的真实性产生怀疑,最终影响电商直播场景化营销的效果。

4. 场景匹配

场景匹配相对于场景识别而言,是作为场景被动地契合受众虚拟实践需求的过程,电商直播场景营销主体结合自身所推销货物来进行设计不同的场景,同时以营销为目的,针对目标消费群体的偏好对场景营销的内容、策略和方式进行设计和整合,最终实现最佳的场景传播效果。此外,在不同的场景内容输出的过程中,目标受众的心理状态、需求对场景内容的接受能力和体验感都有所不同,因此需要运用差异化传播策略,使场景能够更为精准、有效地匹配给可能会产生购买意愿、购买动机的潜在消费者人群,从而为电商直播营销获得高额的利润。

5. 数据反馈和场景传播效果评估

数据反馈和场景传播效果评估作为评估当前电商直播场景化营销效果、提供后续优化方向的主要依据,通过数据反馈既能够通过横向对比来分析竞争者的场景化营销优势所在,同时又能够通过纵向对比分析自身在某次场景营销传播中的优缺点,此外通过数据直接反映出的信息更易于精准分析场景化直播各个阶段的数据涨幅和降幅,从而推断目标受众对何种内容更感兴趣或因某种内容而丧失观看兴趣。通过数据反馈和场景传播效果的分析能够为后续电商直播场景化营销策略的优化和创新提供坚实的数据支撑,以此形成良性循环,促使电商直播场景化营销策略能够根据市场需求的变化进行不断的更新和调整。

总的来说,"场景理论"在电商直播场景化营销策略中的价值既体现在喻国明所提及的权力关系的转变,即"场景理论"能够使得传统话语"无权者"获得相对权力,同时又体现出其在场景传播中的实践价值,它能够帮助电商直播场景化营销主体在直播过程中实现"人—货—场"的协调统一,更好地把控目标受众的目标需求、主观消费意愿,从而为其提供更为精准化的营销内容服务。

## 二、使用与满足理论

### (一)使用与满足理论的含义

从 20 世纪 40 年代开始,使用与满足理论逐渐走入受众视野,学界着手从受众角度出发研究传播环境、传播效果等,不再只关注传播媒介。该理论的渊源首先是从美国社会学家贝雷尔森研究书籍和报纸的使用动机开始,随后哥伦比亚大学广播研究室的赫卓格开始探究受众使用广播和电视媒介后的深层动机。[①] 但事实上,此时的使用与满足理论研究还未受到学界重视,研究方法相对来说较为浅显,成果较少。到了 20 世纪 60 年代,学者们的研究方向转向受众观看电视节目的动机。以麦奎尔等为代表的学者,在对新闻、知识竞赛等六种节目做调查的基础上,总结了电视媒介带来的四种"满足",即心情转换、人际关系、自我确认和环境监测。

使用与满足理论由美国传播学家 E.卡兹(Elihu Katz)在其所发表的《个人对大众传播的使用》一书中首次提出,该理论的提出扭转了传统传播学认为受众处于传播被动地位的传统认知,而是在传播学中将受众放置于中心地位,关注受众对各类媒介的接触动机,以及这些接触动机满足受众何种需求,该理论强调受众的能动性,认为受众在媒介传播过程起到直接的影响作用,并且重点指出受众对媒介的使用完全基于自身的主观需求。从受众的心理动机和心理需求角度出发,结合社会学和心理学学科知识,阐述了受众在使用各类媒介过程中,获得心理满足的行为。

### (二)使用与满足理论的社会研究视角转变

随着当时美国社会环境和媒介技术的进步,使用与满足理论研究无论是从方式上还是具体内容上都较之前成熟,对理论的内容、基本假设等都有较完整的阐述,引起当时社会的足够重视,成为 20 世纪 70、80 年代美国的主

---

① 刘玉洁.基于使用与满足理论的移动直播界面交互设计研究[J].机电产品开发与创新,2022,35(6):158-161.

流理论研究。新媒体时代,媒介形式的更迭和时代环境的变化使人们接触媒介的方式从"接受媒介"到"控制媒介",使用与满足理论的内涵得到极大的丰富。和过去相比,它的创新在于注意到受众地位的变化以及网络媒体时代中媒介对受众更多需求的满足。

1.网络时代的媒体满足了受众的主动性需求

传统理论中,传递讯息的载体有限,传统媒体事先选择和编辑好想要传播的信息,信息量少且媒体控制力强,受众只能在媒介所提供的框架范围内接受和使用大众媒体。而网络时代中新媒体的出现使受众从被动地接触媒介到主动控制媒介,受众可以在网络空间中自由地选择任意讯息,包括讯息内容、形式和顺序。人们得到信息的渠道已经突破了时间和空间的限制,甚至延伸到自己生产和发布信息。像现在的各种论坛,微博、微信等社交媒体,"快手""抖音"等短视频平台,都成为受众自主生产和积极反馈的平台。

2.网络时代的媒体满足了受众交互性的需求

随着受众与媒体之间简单直接的线性传播转为更主动、更高效的双向交流,个体可表达和反馈的信息量较之前更多、速度更快、范围也更广。传统媒体时代,报纸、广播、电视等大众媒体只能通过开设专栏或者使用信箱、电话等接收受众反馈以了解受众,耗费时间长且时效性差,双方互动具有延迟性和差异性。而互联网时代的传播媒介利用科学技术和网络基础设施,极大地加强了与受众间的交流,能够更加快速地了解受众的想法和需求,及时调整传播内容和表达手段。媒体公众号、移动客户端、网上论坛等都为受众表达对媒介的意见提供切实可行的渠道,当天的新闻报道就可收到受众即时的回馈。另外,传统媒体时代的受众间交流很少利用到媒体,大多是线下面对面交流。而网络时代则发生了变化,受众可以利用互联网实现跨空间交流,不受距离和时间的限制,在媒体上就可以进行互动,如微博博文下的评论,受众对"抖音"短视频的分享,既方便受众阐述主张、表达自我和开展各种社会文化活动,极大地满足受众的表达欲和交互需求,扩大受众的话语权;也有利于媒体收集受众反馈,及时调整传播策略,修正其后的传播行为。

3. 网络时代的媒体满足了受众个性化的需求

传统媒体时代,虽然大众媒体尽可能地考虑到不同受众群体的需求,但还是存在需求空缺。新媒体背景下,受众的集体兴趣点逐渐减少,受众分化为具有分散性、流动性的多个小群体。此时受众便可利用网络媒介自主选择感兴趣的信息,也可以借助信息检索、网络订阅、软件推送等方式使自身需求得到最大限度的满足。以短视频平台为例,短视频的"短"和"精"的特点使公共信息的时效性进一步提高。人们通过个体发布的没有经过媒体过滤的信息或专业媒体发布的信息,对外部世界有更新和更深的认知,以适应生存环境的发展和变化,满足监测环境需求。除此之外,若以年龄层将受众分类,现代信息技术的发展,为不同年龄段的受众提供了满足需求的平台,如"80后"热衷于风景,"90后"倾向于新闻内容,而"00后"则热爱观看动漫。他们在短视频平台上只需要简单搜索便可获得相关内容,短视频的算法机制也会为不同需求的受众推送不同内容,达到受众使用媒介的个性化定制。对受众来讲,角色的转变使他们更愿意积极地参与到社会生活的交往与管理中。短视频作为日常化的媒介载体,为每个人提供了很好的社会交往机会,成为个体间社交的工具。一方面,短视频在使用时就请求读取用户通讯录,直接将用户的交际圈转移到平台好友圈中,帮助维护熟人社交关系链。另一方面,在短视频平台上常以共同兴趣为基础建立虚拟社群,如汉服圈通过追求差异化的服饰选择、强烈的民族认同感等相类似的意识形态形成了自己的圈层文化,从一开始的贴吧、论坛、QQ空间等到短视频平台,拓展了与陌生人的人际交往与传播边界。

总体来说,使用与满足理论在网络环境中的新发展标志着社会研究视角的转变,从研究传播者转向研究受众,承认受众的主动地位,认可他们的动态需求和媒体期望。使用与满足理论认为,受众采取哪种方式获取信息,是在充分了解自身要求基础上的,该选择是思维与实践结合的产物,是主观能动的。[1]

---

① 韩雨霏.基于使用与满足理论分析网络直播中建立的社交关系[J].新媒体研究,2019,5(13):17—18.

### (三)受众选择和使用媒介过程中的心理和行为变化

使用与满足理论从受众的需求出发,探究受众对媒介的使用以及在此基础上所形成的需求满足体验,为此,完整阐述使用与满足理论应先从受众需求出发进行探究。

1. 需求产生

受众运用媒介的需求既可能是受众获取信息、娱乐消遣和社交互动的需要,同时又可能是源于受众长期实践过程中所形成的潜意识需求,在某种条件的刺激下,受众会对某种同自身需求相契合的媒介或内容产生接触需求,而接触需求的满足则需要注重与之相对应的媒介和内容对受众心理预期的满足程度。简而言之,受众在需求满足之前,自身已然形成了一套需求的心理预期结构,媒介或内容对受众心理预期结构满足程度则是取决于媒介或内容与受众心理预期结构的对应性或相似度,媒介或内容对受众需求的满足则会出现三个基本结果,即媒介或内容难以满足受众需求、媒介或内容恰好满足受众需求、媒介或内容超额满足受众需求。此外,值得注意的是,受众自身需求往往会因其自身实践经历等因素的增长或对媒介和内容的使用而不断变化,其心理预期结构也因此不断变化,媒介或内容要满足受众心理需求就需要不断革新以适配受众心理预期结构。

2. 媒介筛选

在心理需求产生后,受众会主动去接触各类媒介和内容,受众在筛选媒介的过程中既会受到自身需求的影响,选择同自身需求相契合的媒介类型和内容,同时也会受到某种客观因素的影响,例如媒介的知名度、内容的丰富程度等。此外,对于某些受众而言,自身对某种媒介类型和内容的接触产生习惯后,其更容易倾向于接触以往满足其需求的媒介内容和类型。

3. 需求满足

受众通过对媒介的互动,能够得到需求的满足,以电商直播场景化营销策略为例,电商直播通过受众画像对受众需求、喜好等信息进行收集,在此基础上以目标受众的需求为目标,结合其所营销的产品和服务,塑造契合目标受众心理预期结构的电商直播场景,受众在对电商直播场景的互动中,能够沉浸到场景中获得精神需求或某类体验的满足感,进而在这种满足感的影响下,更易于消费者产生消费动机和消费行为。

### 4.效果评估

受众在同媒介的互动之后,既会根据媒介对自身心理预期结构的契合程度来进行综合评估媒介的相对优劣,同时也会将该媒介同其他已经接触过的媒介展开横向对比,以此来从主观和客观两个角度对媒介使用效果进行综合评判。效果评估体现在电商直播场景化营销领域,其结果呈现不仅仅是直播间的观看人数和热度数据,更重要的则是其营销数据的反映,为此,只有某场直播营销数据的增减趋势才能够正确反映受众对媒介的使用是否满足其需求和目标。

### 5.行为反馈

受众在同某种媒介进行接触或互动后会产生对该媒介的效果评估,而受众主观精神的效果评估将会影响受众进一步的行为,一方面评估结果显示受众需求能够得到满足,受众会继续对该媒介展开使用;另一方面评估结果若不能满足受众需求,受众就会重新调整自身的媒介选择。受众主观意识驱动下的行为反馈有助于市场媒介主体及时调整自身数据以此来契合市场的发展变化。

综合分析来看,使用与满足理论从需求产生、媒介筛选、需求满足、效果评估、行为反馈五个方面揭示了受众在选择和使用媒介整体过程中的主观心理和行为的发展变化。

### (四)使用与满足理论的应用价值

探究使用与满足理论的应用价值就需要从使用与满足理论的意义出发,探究其在电商直播场景化营销过程中的启示。

### 1.使用与满足理论对受众能动性的强调

传统传播理论以传播主体为中心,从而打破传统传播理论中将受众看作被动接受主体这一局限性,转而将受众看作具有能动性的因素,该理论进一步指出受众不是被动地接受媒介信息的群体,受众根据自身的需求和心理预期结构来主动对各类媒介信息进行筛选,为此,各类媒介要想获得良好的传播效果就需要针对目标受众的喜好和需求进行不断调整和优化,同时又因为目标受众的心理需求和喜好是不断发展的,因此媒介的优化和调整也应作为不断发展的概念。使用和满足理论揭示了受众在传播中的能动作用和重要地位,颠覆了传统传播理论中受众被动的身份和地位,完成了受众和媒介二者身份的互换。在电商直播场景化营销策略中,使用与满足理论中受众能动性的作用则体现在电商直播场景的构建以目标受众的需求、偏好为主要依据,从而结合目标受众的消费习惯、偏好和需求为其构建相匹配的虚拟场景,再通过受众的数据反馈和效果评估来不断对场景构建进行优化和发展。从其价值性来看,重视受众能动性的发挥以及其在场景构建中所起到的主导作用作为电商直播场景化营销策略取得成功的首要因素。

2. 拓宽理论研究视野

传统大众传播研究模式将焦点集中于对媒介的优化和调整,仅注重媒介内容、类型的革新、改变和发展,将受众需求等要点的研究放置于次要地位,使用与满足理论的提出将受众摆在首要位置,从而使得大众传播理论研究既探究媒体内容的生产流程,又注重从受众需求角度出发,研究如何获取受众需求和偏好,以及如何将所获取的目标受众信息转化为吸引受众的媒介内容。因此从学术研究角度来看,使用与满足理论拓宽了大众传播理论的全新视野,同时大众传播理论的拓展还将延伸运用到游戏、电商直播、文化旅游等多领域,使得传播学研究更为丰富和多元。

3. 指导媒介内容进行创作

使用与满足理论注重从受众的需求出发,探究如何对媒介内容进行布局、调整和优化来满足受众的心理需求和社会需求,以电商直播场景化营销策略为例,将使用与满足理论的基本概念运用其中就体现在电商直播基于目标受众群体的社会需求和心理需求,对电商直播的场景内容进行有意识的布局、调整,运用各类符号性因素构建满足目标受众需求的场景内容,以此来吸引受众在直播间驻扎,甚至参与场景互动、深层次沉浸到电商直播场景中。使用与满足理论在指导媒介进行有意识的创作后,媒介内容将会因对受众需求的满足而对受众的意识、行为产生引导,正如在电商直播场景化营销策略中,目标受众通过对电商直播场景内容的互动和参与,会使得自身需求得到满足,受众自身会沉浸到电商直播内容中,而主播通过各类途径来引导目标受众,目标受众在诸如“口令红包”“弹幕互动”等电商直播营销内容的影响下,其自我意识会因各种途径传输的营销内容而得到刺激,当这种刺激达到一定程度后,就会使得目标受众自身产生消费意识,在消费意识的驱使下产生消费行为,从而实现由目标受众向消费者身份的转变。由此可见,使用和满足理论对媒介内容的创作具有引导作用,它以更直接的方式指出媒介内容创作的基本方向,既为媒介的优化和发展提供了打破传统"藩篱"的钥匙,更为未来受众心理需求和社会需求的更好满足奠定了理论基石。①

4.增强受众黏性

当媒介内容契合受众需求后,受众会对此类媒介产生依赖。随着移动互联网技术拓宽了受众虚拟实践的场域,更易于受众满足自身社会需求和心理需求的同时,也逐渐扩大受众自身的社会需求和心理需求的"容量",媒介成为受众获取信息、社交互动的主体后,受众将会对媒介产生一种强烈的媒介依赖性。此类现象不仅有助于提高媒介的用户忠诚度,同时还有助于媒介品牌形象的构建和维护。媒介还可通过对市场需求的预判、对内容的创新和对数据反馈结果进行整合,对媒介的内容和表现形式进行创造性发展,使其更为精准地为受众匹配数据和内容,从而增强受众的黏性。

总的来说,使用与满足理论能够帮助理解受众和媒介二者之间的关系,它揭示了受众在传播理论中的能动性作用和主导地位,强调了受众对媒介内容的主动筛选和媒介内容对受众需求的被动适应关系,拓展了传播学学科的理论研究视野,为媒介内容的创作、优化提供了有益的指导。②

## 三、互动仪式链理论

互动仪式链理论是美国社会学家 Randall Collins 在《互动仪式链》一书中提出的基本概念。互动仪式链理论关注社会互动过程及其影响。Collins认为个体之间的直接互动作为互动仪式的基本场景,而此类基本场景作为由个人形成的社会关联或网络,在互动过程中,个体会因情感能量、符号标

① 王国洋.以使用与满足理论浅析网络直播[J].新闻研究导刊,2017,8(3):280.
② 王国洋.以使用与满足理论浅析网络直播[J].新闻研究导刊,2017,8(3):280.

志、群体身份认同等因素的影响从而产生情感共鸣性。[①] 互动仪式链理论的内容涵盖多方面内容,本节将从互动仪式链的基本构成元素来进行深入剖析。

### (一)互动仪式链的基本构成元素

#### 1.互动仪式

互动仪式作为个体同个体之间展开相互影响和交互的过程,而互动仪式的"仪式性"特点则是通过互动个体间的社会情感传播来深度影响互动个体的情感。[②] 随着移动互联网技术的发展,国民开展互动仪式的交流和交互过程已然不再局限于个体之间面对面展开情感传播和交流,而是将互动仪式发生的主要场域逐渐转移到互联网虚拟空间。以电商直播场景化营销为例,在该过程中主播与受众依托移动互联网直播平台进行情感的交流,主播和受众共享共同的情感和关注点,同时又因对共同情感引发的情感共鸣性,从而二者之间再进行互相感知和情感反馈。

#### 2.情感能量

情感能量作为互动仪式中推动个体融入、参与、反馈等活动的主要驱动力,个体通过参与互动仪式、介入互动流程,在互动中体验到情感共鸣性,就会激发自身参与互动的动机,同时也能够增强个体的行为能力,情感能量的强弱既由个体的心理状态、情感表达和行为方式所影响,又会因个体在仪式互动中的情感体验和情感共鸣的强弱决定。在电商直播场景化营销中,受众在同主播之间的互动交流中,主播能够充分满足受众心理需求和社会需求,使其在情感体验方面得到满足,产生情感共鸣、获得情感能量就会刺激受众积极参与同电商直播的互动行为,进而在主播、场景、营销策略等一系列因素的引导下产生消费动机。

#### 3.符号标志

此处所指符号标志是个体之间相互认同象征性符号因素,此类符号标志一方面能够以物体、氛围、场景等形式展现出来,能够从中表达出一定的

---

① Collins R.互动仪式链[M].北京:商务印书馆,2009.

② 李润泽.网络直播中的互动探析——斗鱼平台"炉石传说"专区中的互动仪式链理论模型及理论延展[J].科技传播,2021,13(9):155-158.

意义,从而实现个体的认同感;另一方面是指一种语言、行为或文化符号,此类符号则是能够传递出一定的信息和意义,从而有效帮助个体进行交流和理解。以电商直播场景化营销策略中的符号标志运用来看,电商直播所构建的场景能够通过表达一定的意义从而使得受众对其产生认同,同时结合主播在语言、行为以及"口令红包"等符号标志的引导,既能够帮助受众参与理解和互动交流,又能够传递特定的信息和意义。

4. 群体身份认同

群体身份认同指的是个体在互动过程中形成的对所属群体的认知感和归属感。群体身份认同的产生来自个体互动中类似的行为方式和价值体系,个体通过互动来确认自身同群体之间的共同属性,以此来形成对群体的归属感,在这种群体归属感的情感刺激下,个体会更为积极地参与群体活动,为此这种认同感和归属感能够增强个体之间的互动和深度联系。在电商直播场景化营销策略中,目标受众群体具有共同的属性因素,为此受众可以通过同主播的交流、同其他受众的交流、观看其他受众与主播的交流中获得群体归属感,在受众对这种群体认同感和归属感的情感作用下,能够推动其深度沉浸式参与到电商直播场景化的营销过程中。

5. 传播媒介

传播媒介作为互动仪式链中个体进行互动的主要途径和方式,最初这种传播媒介以个体之间的口传面授行为为主流方式,而随着社会文化格局的转变和传播通信技术的发展,传播媒介不再局限于面对面直接交流,传播媒介既可以是电话、邮件,同时也可以是社交软件、直播。不同的传播媒介具有不同的适合场景,电商直播场景化营销策略充分运用了移动互联网技术优势,使得直播成为个体进行互动的有力工具。

6. 传播情境

传播情境指的是互动仪式的环境和背景。构成传播情境的环境和背景既由客观的物理环境、技术环境所组成,同时又包含着文化环境和社会环境等主观精神因素。从传播情境对互动仪式的影响分析来看,传播情境可以影响互动仪式的氛围、参与者的行为和情感反应,以及信息传递、个体对信息的理解程度等,从而间接影响到个体情感能量。[①] 为此在电商直播场景化营销策略中,对场景的塑造既要以受众需求为导向,同时又要考虑传播情境因素,充分运用技术元素展现恰当的传播情境。

7.社会结构

社会结构是社会中各个成员之间的关系网络和组织形式。在互动仪式链理论中,社会结构能够通过互动仪式得到反映和进一步塑造,即个体既能够通过互动仪式链来将当前的社会结构形态充分展现出来,还可通过个体之间的互动仪式改变当前社会结构形态,进而改变个体的行为和社会关系。

8.文化传统

文化传统指的是一个社会或群体所特有的文化特征和价值观念,文化传统是个体互动仪式的社会文化心理,其直接决定互动仪式的符号标志体系和文化认同的内容。在不同文化传统的个体同其他个体进行互动仪式交互的过程中,会因为符号标志等问题难以产生群体认同感或者被认定为互动仪式中的"他者"难以产生情感共鸣性,因此其也难以产生情感能量,难以融到互动仪式的过程中。

**(二)互动仪式链理论在电商直播场景化营销策略中的应用价值**

结合上述互动仪式链理论的基本概念来看,其对于电商直播场景化营销策略而言具有重要的应用价值,主要体现在以下几个方面。

1.群体聚集

在电商直播场景化营销策略中,电商直播主体通过对目标受众需求的分析构建相适配的"场景"服务,目标受众会因直播场景对自身需求的满足而进入直播间,通过多种渠道同主播之间交互,在"场景"符号元素和主播话语、行为等符号元素的互动引导下,受众会在长期稳定的互动行为和过程中投入自身的情感,从而不断集聚自身的情感能量,产生消费动机和消费行为。

---

① 强月新,孙志鹏.互动仪式链理论范式下官员直播带货现象分析[J].编辑之友,2020(10):21-26.

## 2. 虚拟在场

电商直播场景化营销策略可以借助移动互联网的优势将互动仪式链的互动过程在网络虚拟空间中实现,这种虚拟在场使得主播和受众共同处于同一空间中,主播能够通过互动过程来得到群体性反馈,做出契合群体性反馈的行为,而受众在同主播行为进行互动中,受众群体的主体需求将被逐渐强化,逐步建立群体间强烈的共同认知和情感共鸣。

## 3. 排除"他者"

电商直播场景化营销策略是以目标受众需求为导向所开展的互联网虚拟场景营销活动,为此电商直播所吸引的群众主体作为产品的潜在消费者,此类群体具有共同的社会需求和心理需求,电商直播的内容同时也是对目标受众社会文化心理的契合,在主播和目标受众交流的过程中这种契合性会被逐渐强化,而不同于目标受众心理需求的个体则会在互动仪式中难以产生情感共鸣和自我的群体性认知,也难以产生情感能量,难以继续后续的互动活动,为此不属于目标受众的"他者"不会因其互动性而影响电商直播场景化营销策略的效果。

## 4. 即时关注

主播通过对目标受众需求的认知,会通过各类符号标志的传播和内容的输出使得目标受众即时关注直播间,例如电商直播间可以通过对电商直播的主题、封面、场景、明星效应等进行设计,以此来吸引目标受众即时关注,既能够提高目标受众对直播的关注效率,又有助于提高主播和用户之间的互动质量,保障电商直播场景化营销策略的实施质量。

综上所述,互动仪式链理论强调了情感和认知的交互作用,其认为情感和认知在传播的过程中相互影响相互塑造,为大众理解传播行为提供了新的视角。该理论还揭示了社会结构对个体行为的影响以及个体行为对社会结构塑造所起的反作用,为大众理解社会结构和个体行为的内在联系提供了有力的理论工具,此外该理论在提高传播效果、解决社会问题、优化组织管理和提高媒介素养等方面具有重要的指导意义。

# 四、消费者行为学理论

消费者行为学理论是探究消费者在获取使用、消费和处置产品或服务过程中发生的心理活动和行为规律的科学。[①] 基于此,消费者行为等理论的发展历程如下。

### (一)消费者行为学理论的发展历程

**1.20 世纪以前对消费者行为的研究**

20 世纪以前消费者行为学还未作为一门独立的学科正式出现,对消费者行为研究的内容基本上都是从经济学的角度来对消费者行为进行阐述,例如英国经济学家亚当·斯密在其书《国富论》中提到的供需关系法则,亚当·斯密认为消费是生产的动力和目的,也是经济发展的基础。亚当·斯密的供需关系法则揭示了消费者与生产者之间的关系,因此其自身也被称为经济学之父。[②] 但由于当时市场消费环境的限制,亚当·斯密的供需关系法则主要集中于消费者对生活所需物质商品的需求研究,而对消费者心理和非物质类服务或产品的消费并未进行深入研究,但该法则为后续经济学和消费者行为学的发展奠定了深厚的基础。

**2.20 世纪初期对消费者行为的研究**

20 世纪初,随着资本主义经济的迅速发展,学术界对消费者行为学理论的研究开始逐渐重视,消费者行为学理论开始作为一门独立的学科逐渐形成,而这一时期研究的重点从最初探究消费者与生产者的供需关系开始转移到研究消费者的需求和动机等方面。消费者理论主要研究消费者行为准则与目的对可见需求的影响。微观经济学家在 1915 年首次提出了效用最大化理论,该理论指出消费者在一定的消费预算的约束条件下,会选择最能满足自身需求的产品和服务。[③] 在效用最大化理论的基础上法国经济学家 L. Walras、英国经济学家 WS. Jevons、德国经济学家 HH. Gossen 分别开始针对消费者理论概念进行深入探究,此后英国经济学家 Alfred Marshall 针对消费者理论进行了初次完整的系统性分析和界定,Marshall 从消费者行为、消费

---

① 陈建.中国消费者行为研究进展及展望[J].商业时代,2014(27):30-32.

② 亚当·斯密.国富论:国民财富的性质和起因的研究 上[M].广州:新世纪出版社,2007.

③ Bjerkholt O. Eugen E. Slutsky′s 1915 Essay:Found But Never Lost[J].Social Science Electronic Publishing,2015.

者需求层次、购买决策过程和消费者心理、消费者教育与引导、品牌与产品策略销售等角度阐述了消费者行为学理论,为学术界后续探究消费者行为理论奠定了深厚的理论基础。①

### 3. 20 世纪末到 21 世纪初期对消费者行为学理论的研究

该时期对消费者行为学理论的研究呈现出多元化和跨学科研究的特点,尤其注重从社会文化和心理需求等因素的角度来探究此类因素对消费者行为的影响,因此消费者行为学理论开始同心理学学科和社会学学科之间彼此交叉联系,也因此该时期消费者需求理论得到不断的丰富和完善。美国营销学家 Richard L. Oliver 在 1980 年提出了期望—实绩模型,该模型指出消费者在消费过程中会根据自身在消费行为之前的消费预期来对产品或服务的实际消费效果进行对比评定,当效果超出预期时消费者在心理上会表现为满足,相反则会感到不满。② 期望—实绩模型致力于帮助企业从消费者心理需求角度出发来不断改善服务质量和服务内容以此来提高消费者实际的满足程度;此外,该时期所提出的双向镜模型通过揭示媒介传播对受众行为的影响,指出只有同受众思想相契合的媒介内容才会容易被受众所接纳,因此受众会在参与媒介传播的过程中实现对自我认同内容的反射性自我强化,而对某些不契合自身思想的内容进行隔离,双向镜模式为企业针对目标受众制定专项的营销策略奠定了深厚的基础。由此可以看出,该时期对消费者行为学理论的研究多是从社会学和心理学的角度出发,跨学科领域的深层次研究为理解消费者行为提供了更为全面的视角,丰富了消费者行为学科的体系脉络,为企业制定更契合消费者的营销策略奠定了深厚的理论基础。

### 4. 21 世纪依赖对消费者行为学理论展开的研究

进入 21 世纪以来,针对消费者行为学的研究更为多元化和跨学科化,该时期不仅从消费者的需求和动机出发探究消费者的行为,同时还关注消费者的整个决策过程、消费体验以及社会文化因素等对消费行为的影响,尤其

---

① Marshall A. Principles of economics[J]. Political Science Quarterly, 1961, 31(77): 430–444.

② Oliver R L. A cognitive model of the antecedents and consequence of satisfaction decisions[J]. Journal of Marketing Research, 1980.

随着我国移动互联网技术的迅猛发展,我国学术界开始将技术类因素的应用引入到消费者行为学理论的研究中,随着各类技术的发展以及理论研究层次和内容的深化和拓展,消费者行为理论的内涵和外延也得到了极大地丰富和发展。

### (二)消费者行为学理论涵盖的重点内容

本节通过对历年来学者对消费者行为学理论的研究进行整合,对消费者行为学理论中所涵盖的重点内容进行深入剖析。

1. 消费者心理

消费者心理是消费者在参与消费的整体过程中所产生的各类心理变化过程。消费整体过程包括消费者消费前所产生的消费预期、消费者在消费过程中所体会到的心理变化、消费者在完成消费过程后其心理的变化。消费者消费前所产生的消费预期会直接影响消费者消费行为的产生,消费体验后的满足感将影响消费者后续的行为动机和购买决策。

2. 消费者需求

消费者需求是消费者对产品或服务的需求程度,消费者需求也是驱动消费者进行消费的根本动力因素,消费者需求是由消费者物质生活需求、社会需求和心理需求综合作用影响下的结果。[①] 消费者需求具有多层次的特点,不同消费者对同一种产品或服务的需求存在差异,同一消费者对同一种产品或服务在不同时期的需求也存在差异,企业需要根据消费者需求制定相应的营销决策。

3. 消费者决策

消费者决策是消费者在面对不同产品或服务的过程中,根据消费者自身的需求和偏好以及产品或服务的价格、渠道等因素进行筛选、判断和选择的过程。在消费决策的整体过程中包含诸多复杂的环节,其中涉及的因素既包括消费者自身需求,也包括企业产品或服务在市场中的竞争力等因素。消费者需求决策理论有助于企业了解消费者的决策过程和影响因素,为营销策略的制定提供指导。

---

① 唐兵.消费者行为:多学科视角比较[J].消费导刊,2007(11):13-14.

### 4. 消费者态度

消费者态度是消费者对其购买的产品或者服务所持有的各类评价和决策。消费者态度是消费者对产品或服务的被动反应,而决定态度的根本原因除产品和服务客体外,则是由消费者自身的主观因素所影响。消费者自身的主观因素构成既同社会环境和文化背景等文化生态因素具有重要联系,同时又同消费者自身的需求、认知程度和以往经历具有直接联系,而企业要实现良好的营销效果就需要对消费者态度进行深入认知,对消费者态度进行把控有助于预测消费者的购买决策和消费动机,从而对企业产品或服务的质量、内容、价格、渠道、营销策略等因素进行调整和优化。

### 5. 消费者体验

消费者体验指的是消费者在使用产品或服务的过程中所获得的整体感受和价值,它包括功能体验、情感体验和社会体验等方面。良好的消费者体验能够提高消费者的满意度和忠诚度,促进消费者的重复购买和口碑传播,研究消费者体验有助于企业了解消费者的感受和价值,为后续产品设计和营销策略的制定提供依据。

### 6. 消费者学习

消费者学习是消费者在消费过程中各类主观体验和对消费行为认知的基础上不断积累的各类消费知识和经验,消费者自身主观意识通过对过往消费经验的整合,会产生一定的消费判断,形成特定的消费习惯和行为模式。消费者行为有助于提高消费者的判断和决策能力,使得消费者的行为更加理性。此外,企业还能够通过引导消费者的学习过程,营销消费者购买决策和行为模式,提高市场的竞争力。

### 7. 消费者群体行为

消费者群体行为指的是具有相似消费心理和行为的消费者的群体。消费者在同类社会文化、生活方式和需求的影响下,消费者会产生类似的消费行为,企业通过对消费者行为的探究有助于企业划分不同的消费者群体特征、探究其消费的行为和特点,从而在对产品或服务的设计和构建上能够契合目标消费者的预期需求。

总的来说,消费者行为学理论作为庞大的学科体系既包含基础的经济学学科因素,同时又兼容社会学、心理学等学科的基本理念,随着移动互联网技术的发展,消费者行为学理论的概念也将因技术和理论的探究而深入发展。① 消费者行为理论的提出为企业探究消费者的行为动机提供了理论工具,为企业的营销策略制定了全面和深入的指导。

## 五、营销相关理论

电商直播场景化营销策略的发展根植于国内外学者对营销相关理论概念的界定、拓展、丰富和发展,为此要针对电商直播场景化营销策略展开系统性研究就需要对各类营销相关理论具有基本认知,为此,本节将针对国内外著名的营销理论进行综合分析,以此来为本书的后续研究奠定坚实的理论基础。

### (一)STP 理论

美国营销学专家 Wended Smith 在 1956 年就已经提出了 STP 理论,STP战略中的 S、T、P 三个字母分别是 Segmenting、Targeting、Positioning 三个英文单词的缩写,即市场细分、目标市场和市场定位的意思。STP 营销是现代市场营销战略的核心。其意义在于三个主要方面。

1.市场细分

每个消费群体都是一个细分市场,每个细分市场都由具有相似需求倾向的消费群体组成。市场细分是指企业通过市场调研,根据消费者需求、购买习惯和购买行为的差异,将整个产品市场划分为若干消费群体的市场分类过程。人口细分、地理细分、行为细分和心理细分是消费市场细分的基础。

2.目标市场

目标市场是指通过市场细分,用相应的服务或产品来满足自己的需求,也就是说,消费者作为一个特定的群体被称为目标市场。选择目标市场,明确企业应服务的客户类型,满足客户需求。

---

① 潘黎,吕巍.从消费者行为学角度研究储蓄和消费行为的现状和评述[J].软科学,2013,27(2):132-135.

### 3. 市场定位

市场定位是指企业通过营销设计,根据潜在顾客的心理,在目标顾客中创造出产品、品牌或企业的某种形象或个性,以保持独特的地位和深刻的印象,从而获得竞争优势。其实质是严格区分企业与其他企业,使顾客能够清楚地理解和感受到差异,从而在顾客心中确立特殊的地位。它是在市场细分的基础上建立目标市场,力求建立一些产品特色。STP 理论能够帮助企业精准定位消费者并能够具体分析自身企业产品在市场中的定位,从而突出自身产品的特色和优势,以此来营造自身独特的企业品牌形象。

### (二)4P 营销理论

现代"营销"的基本概念最早由美国经济学教授、营销学专家 E. Jerome McCarthy 提出。McCarthy 对营销理论的研究着重于阐述消费者购买行为和市场营销战略之间的关系,企业通过对市场营销策略的运用能够激发消费者的购买意愿,促使消费者产生购买行为,进而使得企业在激烈的市场竞争中获得优势地位,McCarthy 为此创造出了 4Ps 理论。1990 年 McCarthy 等人在《基础营销》一书中将营销理论的因素概括为四类,它是由四个首字母均为 P 的单词组成,分别为产品(Product)、价格(Price)、渠道(Place)、推广(Promotion)。在产品领域,该策略要求企业认知自身产品的定位、功能和特性以及对消费者目前需求和潜在需求的满足,此外还要求企业深入认知竞争企业产品的特性;在价格领域,该策略要求企业要评估产品在市场中的价值,反映产品的成本和利润目标,同时还需要考虑消费者对产品价值的认知;在渠道领域,该策略要求企业需要选择最有效的形式保障产品能够传递给消费者,同时也需要运用渠道提高消费者的黏性,打造企业独特的品牌价值。[①] 1967 年,美国现代营销学之父 Philip Kotler 在 McCarthy 的 4P 理论的基础上对 4P 理论的营销组合方法进行具体的概述。

### 1. 产品

注重产品的独特性开发,形成产品独特的功能价值。产品的独特性开

---

① Perreault Jr, William D, Cannon Joseph P, McCarthy E. Jerome. BASIC MARKETING [M]. IRWIN, 1990.

发要求企业所研发的产品需要具有市场上同质化产品所不能具有的特殊功能和属性。

2. 价格

根据不同的目标受众群体、市场定位和产品类型等因素,制定不同的定价策略,实现价格策略的差异化。

3. 渠道

企业通过对销售点和销售渠道进行布局,以此来保障产品能够及时、便捷性地到达目标市场。

4. 推广

通过广告宣传、品牌文化内容输出等方式来推广产品和服务,以此使得企业获得品牌知名度和辨识度,促使消费者产生购买意识。

### (三)4C 营销理论

美国营销专家 Robert F. Lauterborn 则是从消费者需求角度重新入手,重新设定了市场营销组合的四个基本要素,形成了 4C 营销理论,四个基本要素分别为顾客(Consumer)、成本(Cost)、便利(Convenience)和沟通(Communication)。四个基本要素均从消费者角度出发,分别关注消费者实际需求和消费期望、精力、货币等购买成本支出状况、购买行为的便利性以及以消费者为中心所展开的营销沟通。

1. 4C 营销理论在应用中的主要变化

4P 和 4C 并不是两种相悖的理论,而是继承与发展的关系。相比 4P 营销理论,4C 营销理论在实际应用过程中的主要变化点表现在以下四个方面。

(1)产品定位由产品转向顾客。从 4P 营销理论角度上来说,在进行产品策划过程中会按照市场发展的实际需求,对产品进行定位,设计出能够满足用户需求的产品,并能够进行产品质量标准设定、产品特性设定、包装设计产品品牌、商标售后服务等方面的工作。而 4C 营销理论在实际应用的过程中,则是在产品策划基础之上,更加注重消费者的实际需求。所设计出的产品以及营销方案不仅仅能够满足用户对于产品质量等方面的需求,也能够在一定程度上节约消费者的成本,使用户与企业之间处于一种共赢状态。其理论在实际应用过程中强调忘掉产品,考虑消费者的需求和欲望。也就是说,企业在进行产品设计中不仅仅需要考虑产品本身问题,也需要考虑到产品是否符合用户的需求、能否带给顾客实际的价值、让消费者能够融到企业生产、投资、研究开发等计划的制订中。

(2)产品定价从价格转向成本。在传统营销理论中,产品定价是产品营销活动中重要的组成部分之一,而产品定价主要是由企业定价目标以及定价导向、市场等因素所决定。在这种情况中,部分企业会采取定价较高的方式来牟取更多的利益。而4C营销理论在实际应用的过程中则更多的是从消费者角度出发,分析消费者能够承担的最高成本,结合企业发展定位,进而进行产品的定价。使产品定价能够在为企业谋取合适利益的基础之上,也能够保持在消费者的心理承受范围之内。

(3)渠道从分销转变到便利化销售。传统营销理论注重分销渠道的研究,在进行产品营销的过程中会建立相应的产品流通环节,在营销过程中的各个阶段建立联系进行产品的销售。而4C营销理论在实际应用中则会从消费者角度出发,通过建立顾客数据库、多渠道传播,以及建立自己的物流体系等措施进一步提高传播、物流配送的速度,为消费者提供便利的同时也提升产品销售质量与效率。

(4)营销方案从促销为主转变成沟通为主。传统营销理论在实际应用中更加关注从企业自身角度出发进行营销方案的制订,在这种情况之下,会造成促销活动中消费者始终处于一种被动状态。企业单向地对消费者进行信息的传递,消费者的需求则难以传递给企业。而4C营销理论则鼓励沟通,企业产品销售中需要重视沟通问题,与消费者进行更加紧密的沟通,了解用户的实际需求,同时以此培养消费者的忠诚度和信任度。

2.应用4C营销理论的必要性

4C营销理论的核心是消费者,要求企业从消费者实际需求出发,通过各种方式了解消费者的需求及其他相关信息,再将了解到的所有信息进行整合,生产出顾客真正需要的产品,并将其传递给有需求的消费者。[1]

(1)从需求角度上来说,消费者的需求一般可以分为显性需求和潜在需

---

① 王睿.电商直播营销应用及发展策略探讨[J].商场现代化,2024(4):53-55.

求,显性需求的宣传就是在满足市场主流发展的情况下,进行产品营销方案的设定。这种方式在实际应用过程中基本上能够满足用户对于产品基本质量等方面的需求,即基本的生存需求。而在满足用户的基本需求之外,也需要满足用户的心理等方面的需求,也就是消费者的潜在需求。

(2)从成本角度上来说,这里的成本并不是指企业生产产品所产生的总成本,而是需要了解消费者在对产品满足的基础上所愿意支付的成本,再结合企业本身创造产品的生产成本,最后决定产品的定价。消费者对于产品价格有一定的承受能力,在超出用户心理承受范围的情况下会在一定程度上影响产品销售质量。便利即指消费者获取商品或服务的便捷程度,营销人员在进行营销策略制定过程中,需要充分地考虑到消费者在获取信息、购买及售后等各方面的便利性,保证产品能够更快更好地符合民众实际需求。如可口可乐等饮料在营销渠道方面除了传统的超市、小卖铺等外,会增添自动贩卖机,进而提高用户购买产品的便利性。

(3)从沟通角度上来说,现阶段部分企业在发展中会以竞争为导向进行产品营销策略的制定,使企业之间呈现恶性竞争局面,这并不利于市场良好发展。4C 营销理论则鼓励企业与消费者之间更多地进行信息的互动,了解对方的实际需求,辅助企业为用户提供更高质量的用户体验,以此将企业与消费者的利益更好地结合在一起,更好地实现合作共赢。[①]

### (四)4R 营销理论

美国整合营销传播理论专家 Don E. Schultz 在 4Cs 理论的基础上提出了 4R 营销理论,4R 营销理论包括关联(Relevance)、反应(Reaction)、关系(Relationship)和回报(Reward)四个基本要素。4R 营销理论的提出将以消费者为中心的营销理论转变为消费者和企业双主体的营销策略,旨在从消费者的角度出发,进行优化和调整自身的商业模式,以此来及时匹配市场消费者需求。

---

① 胡劭颖,吴梦柯.新 4C 营销理论视角的小米手机印度市场社群营销策略研究[J].商业经济,2023(2):66-68.

1. 关联

关联是指企业通过某些有效的方式,在企业的上下游之间形成价值链,把企业和顾客联系起来,通过建立与顾客之间长期的、较为稳定的关联关系,以使得顾客忠诚度提高,顾客流失减少,进而不断获得企业价值。进入互联网时代以后,随着互联网的高速发展,以往信息不对称的局面不断被打破,顾客通过互联网能够便捷地了解到企业和产品的大量信息,为顾客提供了更大的自主选择权。为了建立和顾客之间的关联,通常采取以下两种方式。

(1)采取售卖方案的方式。这种方式不同于传统的营销过程中企业仅向顾客提供产品,而是通过在销售之前提供信息、销售的过程展示产品以及在销售之后提供服务这一系列的营销活动来与顾客建立一种长期的交易关系,进而在整个产品周期获得利益。

(2)采取对位需求的方式。随着市场竞争的日趋激烈,提供趋同的产品或者服务已经逐渐不能让企业立于不败之地,而产品的对位需求就是针对顾客的特殊性和个性化的需求,提供能够满足顾客的产品或者服务,可以称之为"定制营销"。

2. 反应

反应是指企业在日趋激烈的市场竞争中,及时和有效地倾听顾客的渴望和需求,并及时做出相关反应和调整以不断满足顾客的能力。现今企业在高度信息化和市场环境迅速变化的大环境下,顾客的需求日趋复杂、多样、个性化,企业需要采取敏捷的营销策略,力求比竞争对手更加快速且有效地满足顾客需求,保持顾客不断升级。这一策略需要企业保持和顾客的及时多渠道沟通,除了面对面的交流,还包括通过电子邮件、电话等多种形式的沟通。

3. 关系

关系的提出是基于关系营销的概念,这一策略主张企业是存在于社会和市场经济中而非孤立的,企业的营销活动是与供应商、同行业竞争者、顾客、经销商、政府机关等协同作用的,因此企业需要协调与这些群体之间的关系,其中企业与顾客的关系是最为重要的,是该策略的核心问题。在当下的市场环境中企业与顾客的关系发生了本质性变化,顾客的选择具有动态性,如果顾客的忠诚度下降,他们就有可能会转移到其他的企业,因此与顾客建立长期而稳固的关系已经成为抢占市场的关键。这一策略主要通过"服务和经历"来有效建立与顾客之间的维系。

(1)通过高品质的服务向顾客传递价值,赢得顾客的信任,不断减少顾客在取得和使用产品中的各项成本。

(2)经历是指努力帮助顾客在购买及使用产品过程中获得美好的体验。与关联相比,关系拥有更加丰富的含义和对象。关系不仅要完成关联的目标,同时还要向顾客提供进一步的售后服务等一系列的顾客维系工作。就企业的关系营销而言,企业应建立一个丰富的顾客数据库并且有健全的服务平台,从而实现对单个顾客的识别,进而建立与顾客长期而忠诚的关系以达到不断获取利益的目的。

4.回报

回报是指企业在贯彻执行关联、反应、关系三种策略满足了顾客的需求之后,基于顾客满意、员工满意以及社会满意后实现了企业满意。包含了成本和双赢两方面内容的企业回报是衡量企业满意度的最重要指标。企业必须在考虑顾客愿意支付的成本上限的基础上追求更多的回报,为此,企业可以通过实施低成本战略来吸引更多的顾客以实现该目的。这样一来,企业实现其追求回报的目的,顾客也付出了较低的代价获得了同等的价值,达到双赢的目的。当然,在此过程中,企业需要不断与时俱进,整合营销策略,提出优化方案,并全程跟踪整个营销方案的实施执行,才能获取回报。

4R营销理论的本质是建立企业与顾客之间的合作依赖关系,达到长期关联、和谐互动,最终实现双赢的目的。这一理论与4P、4C营销理论相比,有几个根本性的转变:由交易营销向关系营销的转变;短期利益向长期利益的转变;从以产品功能为核心向以带给顾客更多价值为核心;从对顾客的不够重视向高度承诺的转变。

**(五)网络整合营销4I原则**

网络整合营销4I原则分别为趣味原则(Interesting)、利益原则(Interests)、互动原则(Interaction)和个性原则(Individuality)。网络整合营销 4I 原则是基于互联网的特性所提出的营销策略,网络营销的特点将在其概念的四个部分来具体呈现出来。

1. 趣味原则

网络营销内容的趣味原则一方面契合移动互联网的娱乐属性,娱乐内容能够吸引消费者普遍关注,从而达到更好的营销效果;另一方面,受众对营销内容会产生抵触情绪,而趣味性原则能够通过对营销内容的趣味性设计削减消费者抵触情绪,从而使消费者更易于参与到营销内容的过程中来,为实现营销内容受众转化为消费者创造必要条件。

2. 利益原则

利益原则并非通过各种营销方式为企业创造直接利益,而是通过网络营销活动为消费者带来一定利益,从而推动消费者形成消费动机和消费行为。利益原则既可以是对消费者主观精神需求的满足,包括特定的信息、资料,也可以是对消费者物质需求的满足。在网络营销活动中,4I 原则认为消费者只有在一定利益因素的驱使下才能够产生有效的消费动机和消费行为。

3. 互动原则

互动原则即网络营销主体需要同消费者之间展开二元互动,互动原则是对传统营销模式中消费者被动接受营销内容的单向传播模式的颠覆。在互联网技术支撑下,消费者在网络营销过程中获得一定的话语权,这种全新的赋权范式有助于消费者主动参与到网络营销的互动过程中来,互动既能够增强网络营销主体和消费者之间的情感联系,同时也便于网络营销主体获取消费者的意见反馈,从而使网络营销实现良性循环。

4. 个性原则

个性原则是互联网同质化现象的"破题"原则,互联网海量数据和信息使得消费者在选择各类营销主体和内容时会因为自身的需求和网络营销内容的独特性等因素进行筛选,为此,网络营销主体需要通过对营销内容、模式进行塑造,保障网络营销内容在契合受众需求的同时,充分彰显自身产品或服务等营销内容的独特性价值。

网络整合营销 4I 原则既是对传统营销理论的继承,同时又立足于网络营销这一新兴领域,提出了全新的营销策略,对国内外网络营销理论的发展具有里程碑意义。

### (六)电商营销理论

随着我国电商营销的迅速发展,学术界针对电商营销的策略也逐渐得到丰富和拓展,各类电商营销理论的提出共同构成我国的电商营销理论体系,本节将结合主要的电商营销理论的探究方向进行简要概述。

1.社交媒体营销理论探究

社交媒体营销是在互联网语境下通过运用各类社交媒体平台,向受众推送营销内容以此来助力企业获得良好的营销效果。社交媒体营销以拓宽目标受众群体的数量为主要目的,通过社交媒体信息内容的推介实现将潜在消费者转变为消费者的方式来提升品牌知名度和营销效果。在社交媒体营销的过程中,企业需要根据潜在目标受众群体的特性,制定与潜在目标受众群体相契合的营销策略和计划。

2.用户体验理论

用户体验理论首先需要通过对目标受众的需求进行深入分析,企业在对各类受众需求进行整合分析后,创造和开放符合受众需求的产品或服务,对目标受众需求的收集一般需要借助大数据分析和用户画像等技术实现;其次用户体验理论要求企业针对服务或产品进行内容设计,例如电商直播场景化营销策略中基于产品或服务而开展的场景化设计,用以满足受众的基本需求;最后是对用户反馈信息的收集和处理,通过互动和评论反馈等多种形式整合和归纳受众的反馈信息,对问题进行集中处理和改进。

综上所述,营销理论的发展是由营销学者的认知程度、市场营销环境因素和各类市场营销实践共同推动的,外部技术因素的发展引发了营销实践的变革,营销实践的变革又推动营销理论学科研究的更新和发展,营销理论学科的内涵和外延也因其跨学科交叉而不断得到丰富,以上对相关概念和理论基础的界定为本书深入探究电商直播场景化营销策略提供了坚实的理论。目前电商直播场景化营销策略虽然以各类营销理论为基础,但目前的营销理论难以充分对电商直播场景化营销策略的成功因素进行充分解释,要深入剖析这一营销策略就需要从更宏观的角度去审视这一策略,通过各类理论工具的有机组合来具体分析该策略实施的具体流程,在此基础上分析该策略目前实施过程中存在的问题以及解决问题的各类实践路径。此外,要紧密关注该策略在实践领域中所取得的新突破和新进展,并将其引入理论研究过程中,预测该营销策略的未来发展轨迹,有意识地引导电商直播场景化营销策略发展,使其同我国经济高质量发展目标愿景结合起来,为我国经济事业振兴做出突出贡献。

# 第三章
# 电商直播场景化的演变历程

## 第一节　传统电商直播的主要模式

### 一、电视购物模式

#### （一）电视购物模式的特点

电视购物模式是通过电视媒体进行商品展示和销售的一种购物方式，通过电视节目的形式，将商品的特点、功能、使用方法等以图文并茂的方式展示给消费者，同时提供购买渠道，让消费者可以通过电话或在线方式购买商品。[①] 实际上，电视购物是一种无店铺营销的新型商业零售形态，为商家开辟了一种新的销售渠道，为消费者提供方便、快捷、高效的购物服务。电视购物自 1982 年从美国开始崛起，随后以每年超过 20% 的增长速度席卷全球。在美、日、韩等国家，电视购物已成为消费者购买商品的一个重要渠道。电视购物首次在中国内地出现是以 1992 年广东省珠江频道播出的一个购物节目为标志，到现在为止已经走过了 30 余年的风雨之路。电视购物在我国仍然属于朝阳产业，发展空间巨大。但是，面对巨大的市场空间，中国内地的电视购物却遇到了发展瓶颈，深陷"失信于民"的泥潭之中，仅有17.65% 的人对电视购物有明显的信任。[②] 究其原因，还是电视购物模式发

---

① 梁大工，王瑶，张树海.融媒时代电视购物经营新思考[J].采写编,2022(12)：181-183.

② 董锋.电视购物行业转型升级探讨[J].新闻研究导刊,2022,13 (21):248-250.

展不成熟所致。

1. 电视购物模式的种类

随着电视购物在中国的发展与成长,电视购物的模式也在不断演变,先后经历了电视直销购物模式和电视购物频道模式。前者以橡果国际、七星购物、摩能国际为代表,后者以快乐购、央视购物、家有购物为代表。

(1)电视直销购物模式。电视购物在进入中国的初期,主要表现为电视直销购物模式。电视直销购物是由电视直销公司负责组织货源、制作节目,然后向电视台购买价格低廉的"非黄金时间"广告时段来进行播出,观众可以通过拨打屏幕上的销售电话进行购买。①产品。电视直销的产品具有"新、奇、特"的特点,大多集中在减肥、丰胸、增高、药品和医疗器械上,而且是日常生活中大家很少见过或是听说过的品牌。这种东西很容易引起人们的好奇心和兴趣,进而抱着试试的心态进行购买。②价格。电视直销产品的定价是遵循"低成本,高定价"的原则,大部分电视购物商品的毛利率都在100%以上。由于市场上很难找到同类产品进行价格比较,这就给其定价提供了基础,使得操作空间非常高。③渠道。电视直销主要是通过在电视台非黄金时段播放广告短片的方式进行,这些短片一般是提前录制好的。短片的投放采取"垃圾时段+高密度轰炸"的策略,一个购物短片短则 5 分钟,长则 20 甚至 30 分钟。④促销。电视直销的短片要在几分钟内抓住观众的眼球并促使其产生购买行为,常用的手段就是夸大产品功效,大幅度折扣降价,此外,名人代言或消费者亲身讲解也是惯用的手段。

(2)电视购物频道模式。电视购物频道是由电视台自身成立的公司或是专业购物频道在自己的频道内经营,是一种虚拟的零售终端,它的生存不再依赖于广告收入,而是直接作为购物平台从交易中提成获取利润,并以频道为主体,全程参与商品开发、节目制作、行销客服、物流配送、资金结算等环节。①产品。电视购物频道的产品多以家庭用品、电子产品为主,都是在商场能买得到的品牌。这些产品更加贴近百姓生活,实用度高,容易获得消费者的青睐与信赖。②价格。电视购物频道的产品定价更加合理化,利润保持在50%左右,但商品价格低于商场的20%左右。这既确保了产品的价格优势,又避免了如电视直销那样的暴利导致市场混乱。③渠道。电视购物频道是以专门的电视频道作为购物平台,相比于电视直销来说更具稳定性。大多数电视购物频道的运营商都具有广电的背景,如央视购物、湖南快乐购等,具有很大的品牌优势。④促销。电视购物频道的节目以直播为主,主持人对产品性质、功能、特色、价格做详细介绍,有模特现场展示、操作示范,提出"教买不叫卖"的理念,真实度更高。

2. 电视购物模式的特点

通过对电视购物模式的论述,可以总结出电视购物模式的特点如下。

(1)视觉冲击力强。电视购物通过高清晰度的画面展示产品,使消费者能够清晰地看到产品的细节和特点。无论是服装、家电、化妆品还是食品,电视购物都能够通过画面展示产品的外观、颜色、质地等方面的特点,让消费者更直观地了解产品。电视购物模式可以通过不同的摄影角度展示产品,从多个角度呈现产品的外观和特点,这种多角度展示可以让消费者更全面地了解产品,从而增加购买的决策依据。[1]

电视购物通过产品的实际演示来展示产品的功能和效果。通过生动的画面和声音,消费者可以看到产品的实际使用过程,了解产品的性能和使用方法。这种动感演示可以激发消费者的购买欲望,增加对产品的信任感。电视购物模式可以通过使用特效、视觉效果和音乐等手段,增加视觉冲击力。这些特效和音乐可以给消费者带来强烈的感官刺激,增加购买的兴趣和冲动。电视购物模式还可以通过真实用户的体验分享来增加视觉冲击力。通过展示用户的使用感受和实际效果,消费者可以更加直观地了解产品的优势,增加对产品的信任和购买的欲望。根据这些特点,电视购物可以吸引消费者的注意力,增加对产品的兴趣和购买的欲望。

(2)产品展示全面。电视购物节目通常由专业的主持人和演示员负责产品的介绍和演示。他们经过专门的培训和准备,能够清晰地传达产品的特点和功能,使消费者能够全面了解产品。为了让消费者更好地了解产品的使用效果,电视购物节目通常会进行实际使用效果的展示,如家电产品展

---

① 周聪.电视购物与直播带货特点分析及融合研究[J].全国流通经济,2022(23):32-35.

示其工作状态和效果;对于化妆品产品,可以展示其在人体上的效果等。[①] 通过实际使用效果的展示,消费者可以更加直观地感受到产品的价值和优势。

电视购物节目通常会对同类型的产品进行比较,以便消费者能够更好地了解产品之间的差异和优势。通过对比,消费者可以更加准确地选择适合自己需求的产品。电视购物模式的产品展示全面,通过专业的主持人和演示员的介绍和演示,详细展示产品的各个方面,包括外观、功能、使用方法等,从而使消费者能够全面了解产品的特点和功能,做出准确的购买决策。

### (二)电视购物模式的优点

电视购物的发展历史可以追溯到 20 世纪 50 年代的美国,随着电视媒体的普及和电子商务的发展,电视购物逐渐成为一种全球性的购物方式。在中国,电视购物起步较晚,主要发展于 21 世纪初。电视购物模式的优点如下。

#### 1. 营销效果好

电视购物模式的优点之一是营销效果好。这是因为通过电视媒体的广泛传播,能够吸引大量消费者的关注。电视购物通过视觉和听觉的双重刺激,能够更好地吸引消费者的注意力。电视广告通常采用生动、有趣的画面和音效,能够给观众留下深刻的印象。相比于其他媒体形式,如报纸、杂志等,电视广告更能够直观地展示产品的特点和优势,激发消费者的购买欲望。

其次,电视购物模式能够通过广泛的媒体传播,将产品推广到更多的潜在消费者。电视广告可以在不同的时间段和频道播放,覆盖范围广泛。无论是在白天还是晚上,无论是在新闻、综艺还是体育节目中,电视广告都能够传播到大量的观众群体中。这种广泛的传播能够增加产品的曝光度,提高品牌知名度,并吸引更多消费者关注和购买。

此外,电视购物还能够通过特定的营销手段,如打折、促销等,进一步激

---

① 于晶.探析电视购物节目制作思路变化及改进方向[J].西部广播电视,2022,43(13):83-85.

发消费者的购买欲望。电视购物节目通常会设置限时优惠、限量特价等销售策略,给消费者一种紧迫感,让他们更愿意立即下单购买。同时,电视购物还可以通过电话订购、网络购物等多种购买方式,方便消费者随时随地购买心仪的产品。这种营销效果的好处在于增加产品的曝光度、提高品牌知名度,并促进销售业绩的增长。

2. 产品推广效果强

电视购物模式的产品推广效果强。电视购物通过详细的产品介绍和演示,能够让消费者更加直观地了解产品。这样一来,消费者能够全面了解产品的性能和优势,从而更加有信心购买。相比之下,传统的广告形式可能只通过文字和图片来介绍产品,难以传达出产品的真实效果和使用方式。在电视购物节目中,消费者不仅可以听到主持人的介绍,还可以看到产品的实际展示和演示。这样一来,消费者能更好地判断产品是否符合自己的需求和期望。相比之下,传统的广告形式往往只能提供有限的信息,难以满足消费者对于产品深入了解的需求。

此外,电视购物模式能够直接引导消费者进行购买。在电视购物节目中,消费者可以通过电话或在线购物平台直接购买产品。这种直接购买的方式,能够让消费者在受到产品介绍和演示的影响后,立即做出购买决策,提高购买率。相比之下,传统的广告形式可能只能通过提供产品的信息和联系方式,而无法直接引导消费者进行购买,这些优势能够有效提高产品的推广效果,增加销售量。

3. 互动体验好

电视购物模式的一个显著特点是其强大的互动性,在电视购物模式中,消费者可以通过电话、短信、网页等方式与节目主持人或客服人员进行实时互动。[1] 观众可以通过电话或其他方式直接参与购物过程。电视购物节目通常会在产品展示和介绍的同时提供一个电话号码,观众可以通过拨打该电话与购物频道的销售人员进行实时交流。他们可以咨询产品的功能、性能、使用方法等问题,获得专业的解答和意见。这种实时反馈可以帮

---

① 江月山.基于广电网络的电视购物直播电商系统的开发[J].广播电视信息,2022,29(3):100-104.

助消费者更好地了解产品,做出更明智的购买决策。

电视购物模式还提供了一种独特的购物体验。消费者可以在家舒适地观看节目,不受时间和地点的限制。他们可以根据自己的需求,自由选择喜欢的产品,并通过电话或网页进行购买。这种互动购物体验可以节省时间和精力,同时也增加了购物的乐趣,增强购买欲望,从而促进消费者满意度的提升。

### (三)电视购物模式的缺点

电视购物模式在传统电商直播中起到了一定的借鉴和引导作用。然而,电视购物模式也存在一些缺点。

1. 信息传递有限

电视购物模式的一个主要缺点是信息传递有限。由于电视购物节目受到时间限制,通常只能在短短几分钟内对商品进行介绍和展示。这种时间限制使得电视购物无法提供充分的信息给消费者,导致消费者对商品的了解程度受到限制。

电视购物节目往往只能通过简短的片段和简单的描述来展示商品,无法提供足够的细节和特点。消费者可能只看到商品的外观、功能的一小部分,而无法了解更多的细节和性能。这使得消费者在购买决策时面临风险,无法充分了解商品的优点和缺点。此外,时间限制减少了消费者提问和了解产品的机会。在电视购物节目中,观众通常无法与主持人或销售人员进行直接的互动和沟通。他们无法提出问题、寻求进一步的解释或了解其他消费者的反馈。这使得消费者的个性化需求和疑虑无法被满足,消费者无法得到充分的信息支持。

时间限制也影响了对商品的全面比较。在电视购物节目中,通常会同时展示多个商品,但由于时间有限,这些商品只能进行简单的对比。消费者可能只看到一些基本的差异,而无法深入了解商品之间的细微差别。这使得消费者在做出购买决策时难以进行全面的比较和权衡。

2. 信任问题

电视购物模式存在信任问题,主要体现在消费者对产品真实性和质量的怀疑上。一方面,电视购物节目中的产品展示往往经过精心制作和包装,以吸引消费者的注意力。然而,消费者很难通过电视屏幕准确地判断产品的实际效果和质量。这种不确定性使消费者很难相信电视购物节目中的产品是否真正具有所宣传的功能和品质。另一方面,部分电视购物节目存在一些欺诈行为,比如虚假宣传、夸大产品功效等。有些商家为了提高利润,可能会故意夸大产品的优点,而对产品的缺点或质量问题进行掩盖。这种虚假宣传不仅会误导消费者,还可能导致消费者购买到低质量或不符合预期的产品。

此外,电视购物模式还存在售后服务不到位的问题。由于消费者无法亲自接触和试用产品,一旦购买后发现产品存在问题或不符合预期,退换货变得非常困难。有些商家可能会故意回避或拖延处理消费者的售后问题,给消费者造成不便和损失。电视购物节目中的一些主持人或专家给出的推荐和评价也存在一定的可信度问题。有些主持人可能会受到商家的利益驱使,给予不客观的评价,或者推荐与其合作的商家的产品。在这种情况下,消费者很难确定主持人或专家的评价是否真实可信。这些问题导致消费者难以放心购买电视购物节目中的产品,降低了消费者的购买意愿和信任度。

3. 购买决策压力

电视购物模式的缺点之一是购买决策压力。在电视购物节目中,通常会采用限时抢购、限量销售等策略,给消费者带来了购买决策的压力。电视购物节目通常会设置限时抢购活动,即在一定的时间内购买商品可以享受折扣或其他优惠。这种限时活动会给消费者带来时间上的紧迫感。由于时间有限,消费者需要在短时间内充分了解产品信息、比较不同产品的优缺点,做出明智的购买决策。这种压力可能导致消费者匆忙购买,而没有足够的时间进行深思熟虑。

电视购物节目还常常使用限量销售的策略,即限定销售数量。这种策略会给消费者带来一种稀缺性的感觉,使其认为产品数量有限,需要尽快购买,否则可能会错失购买机会。消费者在面临限量销售的产品时,可能会感到强烈的购买决策压力,想要尽快下单,以确保能够买到心仪的商品。然而,这种压力可能导致消费者忽略了对产品的充分了解和评估,从而做出不理性的购买决策。

此外,电视购物节目通常会通过各种手段营造一种紧迫感,让消费者觉得自己需要立即购买产品。例如,使用倒计时、加大宣传力度等方式,让消费者感到错过就没有机会再购买。这种营造的紧迫感会给消费者带来购买决策的压力,导致他们匆忙购买,而不是经过充分考虑和比较,从而可能做出不理性的购买决策。

4. 支付方式单一,存在资金安全问题

现有电视购物的支付方式大多数是预付费方式,包括邮寄汇款、电汇、银行转账等,也有少数是由物流公司代付的。[①] 但这种支付方式存在着很大的风险,容易给一些不法商家造成可乘之机,使其欺骗消费者,从而引发消费者对整个电视购物行业的不信任。而且,这种支付方式也不太方便,消费者需要到邮局、银行等办理相关手续,容易冲散消费者的消费冲动,进而致使交易取消。相比而言,网络购物的支付更加多元化,也更加安全。淘宝可以通过第三方支付确保消费者资金安全,顾客在收到产品,并查看满意后,才把钱付给商家。京东、凡客可以货到付款,且收到产品不满意可以无理由退货,让消费者非常放心。

### (四)电视购物模式的影响

对于传统电商直播来说,电视购物模式具有一定的影响。

1. 借鉴电视购物的营销方式

电视购物通过摄像机的特写和多角度展示产品,让消费者能够更直观地了解产品的外观、材质、颜色等。电商直播也可以通过摄像机的运用,将产品实时展示给观众,增加观众对产品的兴趣和好奇心。电视购物模式通过主持人或专业人士的解说,让消费者对产品有更全面的了解。电商直播可以在直播过程中,通过主播的讲解和示范,详细介绍产品的各个方面,帮助消费者更好地了解产品并做出购买决策。

电视购物模式在营销过程中会强调产品的优势和特点,通过比较等方式突出产品的独特之处,增加消费者的购买欲望。电商直播也可以通过类

---

① 叶红.电视购物到网络直播带货的演进逻辑[J].采写编,2022(1):171–172.

似的方式,将产品与竞争对手进行比较,强调产品的优势,让消费者认识到产品的价值和独特之处。电商直播也可以通过设置专属的直播间、精心设计的背景等,打造出购物的氛围,让观众在直播过程中产生购买欲望。电视购物模式注重提供购物便利,通过电话订购、在线支付等方式,方便消费者购买产品。电商直播也可以提供类似的便利渠道,让观众可以直接与主播沟通购买意向,并提供在线支付等购物方式,提高购买的便利性,吸引消费者的关注和购买欲望,提高电商直播的销售效果。

2. 强化互动体验

强化互动体验是电视购物模式的基本影响之一。传统的电视购物模式通常是由主持人通过电视节目向观众展示商品,并进行详细的介绍和推销。观众可以通过电话或短信等方式与主持人进行互动,咨询商品信息、提出问题或下单购买。这种互动体验使观众能够更加直观地了解产品,解决疑虑,并且与主持人建立起一种亲切的关系。观众可以通过与主持人的互动,获得专业的建议和推荐,提高购买的信心和满意度。此外,电视购物还可以通过一些互动环节来增加观众的参与感,这种参与感可以提高观众的兴趣和参与度。另外,电视购物模式还可以通过实时互动来解决观众的问题和疑虑。观众可以通过电话或短信与主持人进行直接的沟通,提出关于商品的疑问或需求,主持人可以立即回答并解决观众的问题。这种实时互动可以让观众感受到个性化的服务和关怀,提高购买的信任度和满意度。

## 二、网络直播模式

2016 年被称作"直播元年",在资本市场和时尚弄潮儿的加持下,国内的直播行业迎来井喷式发展,并实现了持续稳步的增长。一些"草根"也嗅到了行业发展的契机,顺势而为坐拥百万乃至千万粉丝,成为网红明星。这种网红经济引起的社会效应,不仅直接影响了人们的生活,其背后的互联网资本更是想要乘着东风进一步巩固自身地位。从艾媒咨询披露的相关数据来看,斗鱼直播在几年的时间内获得腾讯 40 亿元的战略投资,而虎牙直播则是获得腾讯 29.23 亿元投资,两家直播平台与腾讯在战略上实现了深度绑定。除了资本介入之外,普通人群也直接或间接地为直播的发展与繁荣贡献了自己的时间与财富。相关数据显示,我国有近3亿网民观看过网络直播,其中"80后""90后""00后"占比超过60%,日均观看直播时间接近3个小时。而66%的人都在直播的过程中有过付费打赏的行为,接近10%的人买过周边产品,消费金额从几元到上千元不等,更有甚者豪掷万元。

据保守估计,当前全网有包括斗鱼、虎牙、YY直播等在内的即时直播平台超过5000家。网络直播平台的发展可以称得上野蛮生长,相关的投资赛道直接从"一片蓝海"变成了"一片红海",而直播也日益深入人心,渗透到网民的日常生活之中。相关数据显示,在各类直播平台中,位于娱乐类直播平台第一位的是YY直播,而斗鱼直播与虎牙直播的月活跃用户数量则在游戏类直播平台中遥遥领先。从直播内容上来看,斗鱼、虎牙代表的游戏直播网罗了各类电子休闲游戏,其中竞技类游戏受众最广,而六间房、YY等直播平台由于没有腾讯的加持,也没有相关的游戏版权许可,更多的是以主播的才艺为突破口,通过唱歌跳舞等才艺展示来赢得受众。除此之外,据第53次中国互联网络发展状况统计报告,截至2023年12月,我国网民规模达10.92亿人,较2022年12月增长2480万人;互联网普及率达77.5%,较2022年12月提升1.9个百分点。截至2023年12月,我国网络直播用户规模达8.16亿人,较2022年12月增长6501万人,占网民整体的74.7%。

## (一)网络直播的分类

### 1.生活类直播

分享和陪伴是人类进步的驱动力之一,也是视频直播行业发展的新动力。借助手机等移动终端,越来越多的人可以发布自己的生活状态,分享自己的日常,生活类直播也借此发力,成为越来越多人的选择。生活类直播展现的更多的是原生态的生活,对主播的要求不再限制于颜值和经济技能,其核心价值即分享和陪伴也最大化地展现出来。① 它是一种更为贴近人的直播种类,也更接地气,直播内容也是多姿多彩,比如做饭、吃饭、睡觉、逛街、旅行等,此类直播的优势就在于人人都能做主播,门槛不高,内容也会贴合

---

① 聂倩莹.时节性商品的网络直播营销模式探析[J].现代商贸工业,2024,45(5):42-44.

每个人的生活,亲近感和互动性也会更高。其中抖音、快手、哔哩哔哩是生活类直播平台的佼佼者,该类直播平台更是吸引了《人民日报》等官方媒体入驻。

2.游戏类直播

在当前各式各样的直播中,游戏直播无疑是十分热门的存在。由于游戏发展规模的逐年扩大,不少广受欢迎的游戏都有职业比赛和一定量的忠实粉丝,绝地求生、王者荣耀以及英雄联盟等游戏更是广受好评。直播中有很多抓眼球的种类,游戏直播无疑是最受瞩目的一种,尤其是游戏受众大多为青少年群体,这些忠实粉丝不仅有着超高的热忱与信仰,而且消费力惊人,直接推动了游戏行业的大跨越,为了提升游戏的知名度,方便更好地获利,各大游戏开发商都会定期举办大型的职业比赛,以此提升热度,吸引更多的玩家。这其中腾讯旗下的王者荣耀独领风骚,在王者荣耀的诸多游戏主播中,张大仙以其独特的解说风格和犀利的操作广受好评,其命名的“月下无限连击技能”更是让网友惊叹不已。游戏直播也是通过用户的打赏和礼物获得收益,张大仙由于在直播中禁止未成年人刷礼物,引起平台不满,导致被封杀一段时间。这种正能量的主播总是能引起大家共鸣,国家也在之后出台了相关法律法规,禁止未成年人在直播中以打赏的形式消费。在张大仙转战到其他的平台后,其粉丝不减反增,粉丝直接随着主播跨平台转移,这有力说明了主播带来的不仅是游戏的内容,更重要的是主播本身的形象值得追捧。游戏类直播的代表性平台有斗鱼、虎牙、企鹅等。

3.购物类直播

购物类直播主要是通过直播带货以及提供服务来获取收益的。购物类直播可以分为两个模块:一种是像淘宝这种自带商城的,其变现方式主要以卖货为主,直播和短视频的加持可以说是锦上添花,平台可以形成从流量到交易的闭环;还有一种像抖音这样的内容平台,主要就是靠流量生存,他们可以把流量卖给淘宝、京东,用来做商城的流量入口,也可以把流量卖给别的平台收取广告费,其变现手段极为丰富。购物类直播的代表性平台有淘宝、小红书、快手、抖音等。

4.体育类直播

体育类直播一直以来都是直播界的绝对宠儿,从一开始的卫星直播,到现在的网络直播以及逐渐兴起的 VR 沉浸式直播,体育直播一直走在科技的前沿。由于体育直播的经济利益相对丰厚,需要一定的资源匹配,目前垄断体育直播的主要是央视以及腾讯等视频平台,在形式上可以分为演播室访谈直播、现场视频直播等。其中国内受欢迎的主要为篮球(NBA)、乒乓球、足球、台球等,代表性的平台有央视、腾讯体育等。

5.知识分享类直播

知识分享类直播由于起步较晚,内容相对严肃,所以其受众也相对低调,人数也相对较少。但知识类直播的受众面很广,且受众对知识的主观消费意识较强,更易于流量变现。当消费升级扩展到知识领域,新的付费模式将会取代曾经的免费互联网内容。知识分享类直播的内容包括科普、技能分享、公信力以及独特观点,主要热门类型有育儿类、医学类、教育类等。知识分享类直播具有代表性的直播平台有抖音、哔哩哔哩、得到、知乎等。

**(二)网络直播模式的特点**

网络直播模式是指通过互联网平台实时传输视频内容,展示商品或服务,并与观众进行互动交流的一种商业模式,它结合了传统电商和直播的特点,通过直播的方式呈现商品或服务,吸引观众参与讨论、购买或提供反馈意见。[①] 网络直播模式的特点包括以下几种。

1.观众参与度高

观众可以通过弹幕、评论等方式与主播进行实时互动,提问、表达意见或购买需求。观众可以直接参与互动讨论,增加了用户黏性和购买决策的信任度。观众可以询问有关产品的问题、了解更多细节,并直接下订单购买产品。这种实时的互动使观众能参与其中,提高了购物的乐趣和满足感。此外,观众可以通过参与游戏或抽奖等互动环节获得一些额外的优惠或奖品。为了增加观众的参与度,网络直播通常设置了一些有趣的互动环节,如

---

① 何阳.新农业背景下农产品网络直播营销模式对乡村振兴的影响[J].农业经济,2024(2):131-133.

答题游戏、抽奖等。观众可以通过参与这些活动赢取一些额外的优惠,比如折扣券、赠品或现金奖励。这些互动环节不仅吸引了观众的注意,还增加了他们对购物的兴趣和热情。此外,观众还可以通过留言或评论与其他观众互动交流。这种互动不仅帮助观众获得更多信息和建议,还增强了观众之间的社交联系和互动体验。

2. 购买便捷

网络直播模式具有购买过程简单快捷的特点。在传统的购物模式中,消费者需要亲自前往实体店铺购买商品,而网络直播模式则将商品直接呈现在消费者的电脑或手机屏幕上,消费者只需要通过点击鼠标或触摸屏幕就能够完成购买。此外,网络直播模式通常还提供了一键下单、一键支付等功能,进一步简化了购买流程,使得消费者能够更加便捷地完成购买。

网络直播模式提供了多样化的购买渠道和支付方式。在网络直播模式中,消费者可以通过多种途径购买商品,不仅可以直接在直播平台上购买,还可以通过扫描二维码、点击链接等方式跳转到其他电商平台进行购买。[①] 此外,网络直播模式还支持多种支付方式,包括支付宝、微信支付、银行卡支付等,消费者可以根据自己的喜好和习惯选择最方便的支付方式进行购买,提升了购物体验和效率。

### (三)网络直播模式的优点

网络直播模式的发展历史可以追溯到 2013 年,当时一些社交媒体平台开始推出直播功能。随着移动互联网的普及和 5G 技术的发展,网络直播模式得到了进一步的发展和普及。特别是在 2020 年新冠疫情期间,网络直播模式得到了爆发式的增长,成为商家推广和销售的重要方式。

1. 提高购买决策的信任度

网络直播模式可以提高购买决策的信任度。在网络直播中,购买者可以通过实时观看主播的演示、产品展示和使用体验,直观地了解产品的性能和质量。与传统的商品图片和文字描述相比,网络直播提供了更真实、更直

---

① 白潇,彭念姣,苗霄宇,等.网络直播商业模式的转型和趋势分析[J].中国商论,2023(4):83-85.

接的购物体验。此外,购买者可以通过弹幕、评论等方式与主播进行实时互动,提出问题、询问细节,主播也可以即时回应和解答疑问。这种互动交流能够增加购买者对产品的了解和信任感,进而提高购买决策的信心。网络直播还可以通过分享购买者的真实使用体验和评价,增加其他潜在购买者的信任度。购买者在直播过程中分享的使用感受和评价往往比官方广告更具说服力,其他潜在购买者可以通过这些真实的用户反馈来进行判断和决策,有效提高购买决策的信任度。

2. 低成本高效率

网络直播模式相对于传统的线下直播方式来说,成本更低。传统的线下直播通常需要租用场地、搭建舞台、购买设备等,这些都需要花费一定的费用。而网络直播则可以在任何地方进行,只需要一台设备(如手机、电脑等)和网络连接即可。这样可以节省大量的场地租赁和设备购买费用,降低了直播的成本。同时,网络直播可以通过互联网实时传输直播内容,观众只需要在手机或电脑上观看即可,无须到现场参与,这样不仅方便了观众,也节省了观众的时间和精力。① 此外,网络直播还可以实现互动功能,观众可以通过弹幕、评论等方式与主播进行实时互动,增加了直播的参与感和娱乐性,使得更多人可以参与其中,同时也为观众提供了更好的观看体验。

### (四)网络直播模式的缺点

网络直播模式的确存在主播质量参差不齐的问题。这是因为网络直播平台的门槛相对较低,任何人都可以成为主播,无须经过严格的选拔和培训。网络直播平台上的主播水平不一,有的主播缺乏专业知识,无法提供准确的产品介绍和解答问题。网络直播平台上的直播内容很多,观众可能面临信息过载的困扰,难以从大量的直播中筛选出自己感兴趣的内容。当用户面对大量的直播选项时,往往会感到困惑和难以选择,而且还需要花费大量的时间和精力来筛选和过滤不感兴趣或不需要的直播内容。

同时,网络直播平台上的直播内容往往是即时的,观众可能会错过一些

---

① 邵培松.基于网络直播的网络营销模式及策略初探[J].新闻爱好者,2023(2):60-62.

重要的直播内容。另外,有些网络直播过于注重营销,过度宣传和夸大产品的优势,忽视了内容的质量和真实性,使观众对直播内容产生抵触情绪。

此外,为了吸引更多观众和粉丝,一些主播或平台可能夸大或虚构直播内容,以达到营销效果。这种虚假宣传不仅会误导观众,也会降低直播行业的信誉。为了追求更高的点击率和观看量,一些主播可能会选择低质量的内容或过度娱乐化的方式来吸引观众。这种情况下,直播内容可能缺乏深度和真实性,只追求短期的流行和关注度。一些主播或平台可能过度使用广告,打断直播内容的连贯性,影响观众的观看体验。观众可能会感到被过多的广告打扰,降低对直播的兴趣和信任。

# 第二节　互联网时代电商直播的逐渐形成

## 一、电商直播概念的兴起

电商直播的兴起源于互联网技术的发展。随着互联网的普及和移动设备的发展,越来越多的人开始通过互联网进行购物,传统电商平台的商品展示形式相对单一,无法满足消费者对商品的真实感受和体验的需求。而电商直播通过直播的方式,可以让消费者更直观地了解商品,提高购买的决策效率。社交媒体的普及也推动了电商直播的兴起。社交媒体平台如微博、微信和抖音等用户数量庞大,用户活跃度高,这为电商直播提供了广泛的用户基础。通过在社交媒体平台上进行直播,主播可以借助社交媒体的用户黏性和传播效应,吸引更多的观众参与和购买。

最早的电商直播可以追溯到几年前,当时还是一种新颖的尝试。一些电商平台或主播开始在社交媒体平台上进行直播,展示商品和推广销售。随着一些知名主播的成功,电商直播逐渐引起了广泛的关注和认可。越来越多的电商平台开始投入资源在直播领域,推出相关的功能和服务。目前,电商直播已经成为电商行业的热点和趋势。越来越多的主播和品牌商开始加入电商直播的行列,电商直播平台也在不断创新和完善,提供更好的用户体验和购物环境。随着越来越多的主播和品牌商的参与,电商直播已经成为电商行业的重要组成部分。

2020 年新冠疫情暴发后,电商直播迅速地发展起来。明星、节目主持人、企业家、普通网民等纷纷加入电商直播大局中来。很多国货品牌、奢侈品品牌也入局电商直播,电商直播得到企业的高度认可与用户的强大忠诚度。作为一种营销新形态、新手段,电商直播已逐渐发展成为品牌商家的标配,直播渗透率也不断上升。[①] 如今电商直播呈现出了良好的发展态势,其发展现状集中体现在以下几个方面。

## (一)产业链日益完善

电商直播的火爆带动新型产业模式的兴起,重塑了平台传统的产业链,产业链逐步向着多元化、完整化的方向发展,平台方与 MCN 机构连接起品牌商家和用户,在满足了双方共同诉求的情况下,也为平台打造出完整的产业生态闭环,解决了产业周期较长的挑战。电商生态中,上游是品牌商家,中游是 MCN 机构、主播及平台渠道,下游连接的则是消费者。品牌商家按照品牌特性和广告需求选择合适的主播或 MCN 机构,MCN 机构制定整合营销计划,孵化主播,为主播提供专业培训、推广宣传等服务,不断朝着专业化、精细化、技术化、垂直化和综合化的方向发展。主播进行创意内容输出和直播整体运营,通过优质内容输出带货给消费者,是整个产业链的核心;平台在产业链中制定规则,进行电商直播流量分配与场景服务,在产业链中拥有主导权;产业链中的消费者为电商直播的商品付费下单,直接实现直播变现。

## (二)政府大力支持

2020 年,电商直播成为备受争议的话题,有望成为未来经济发展的新引擎。全国各级各地政府抓住电商直播发展的机遇,纷纷推出对于电商直播的扶持政策。通过扶植龙头企业、培育 MCN 机构、孵化直播网红品牌、培育

---

① 常耀中.电商直播带货治理模式的结构、成效与转变:交易费用理论视角[J].经济与管理,2024,38(2):49-57.

直播专业人才等方式,推动产业转型升级和快速发展,引导行业高质量发展,鼓励直播电商企业做大做强,为电商直播的发展注入强心剂。平台也不断推出优惠政策,开启流量扶持计划。一方面,各级政府制定了针对性的扶持政策,例如,2020年4月,国务院金融稳定发展委员会发布"稳预期、扩总量、分类抓、重展期、创工具"的15字方针,支持电商直播的健康发展。7月,人社部发布公告,增加互联网营销师这一新职业,增设"直播销售员"工种,使得电商直播行业的就业人员有规范化标准。2020年6月10日,北京市发布了《北京市促进新消费引领品质新生活行动方案》,该方案提出:"搭建对接平台,推动实体商业与电商、新媒体等合作,推广社交营销、直播卖货、云逛街等新模式。引导线上企业与街道、社区等合作,推广前置仓、移动'菜篮子'等新模式。"2020年7月9日,杭州市发布了《关于加快杭州市直播电商经济发展的若干意见》,该意见提出:"对在杭注册的直播电商企业,年主营业务收入在1亿元(含)以上的,给予100万元以上的一次性奖励。""按规模、投入、贡献等指标,经认定给予园区主办方500万元以上的一次性资金扶持。对入驻直播电商园区(基地)的商家和主播个体提供3年的办公场地租金减免政策。"电商直播众多政策的出台,促使更多平台、主播、商家参与进来。在各地各类扶持政策下,电商直播市场规模呈现持续上升的趋势,直接推动了电商直播主播岗位市场需求和就业人数的增长。

**(三)市场规模逐渐扩大**

2020年,我国政府提出要加快建立新的发展格局,实现国内大循环为核心的经济主体。2020年中国电商直播市场规模达到9610亿元,同比2019年增长121.5%。消费市场不断下沉已成趋势,下沉市场消费者基数大,消费增长潜力大。不同于传统的消费需求,电商直播作为一种新兴的营销服务方式,满足了人民日益增长的休闲娱乐需求,降低了消费者获取信息的成本,顺应了消费下沉的趋势,成为刺激年轻消费群体的关键。电商直播的消费市场下沉到三、四线城市的用户,这类用户在线的娱乐方式较少,而用于休闲娱乐时间较长。2020年快手活跃用户日均使用时长超过85分钟,日均浏览和访问快手的频率超过10次。市场规模扩大一方面是由于电商直播的渗透率提高,电商直播商品品类日趋丰富、性价比高,多主体参与进电商直播中来,用户对电商直播的接受程度日益提升。在此背景下,直播商家商品转化率提高,消费者通过多向实时互动接收到更加直观的商品信息,购物体验感强;另一方面是由于电商直播的发展质量提升,用户的需求促使电商直播不断发展,内生动力足。

## 二、电商直播的精细化运营

### (一)电商直播的精细化运营特点

在互联网时代,随着电商直播的兴起和发展,精细化运营成为电商直播的重要策略。电商直播的精细化运营是指通过数据分析、目标定位和个性化推荐等手段,实现对直播内容、产品、观众等各个方面的精细化管理和优化。[①] 电商直播的精细化运营的特点如下。

1. 数据驱动

精细化运营依赖于大数据的支持,通过对用户数据和行为的分析,找出用户的购买偏好和需求,从而进行精准推荐和定向营销。电商直播平台通过多种渠道收集用户数据,包括用户注册信息、浏览记录、购买行为等。这些数据被存储在大数据平台中,并通过数据分析工具进行深度挖掘和分析。通过对用户数据的收集和分析,可以了解用户的购买偏好、消费习惯、兴趣爱好等信息,可以建立用户画像,即对用户进行分类和细分。通过用户画像,可以更好地理解不同用户群体的需求和购买行为,并为他们提供个性化的推荐和服务。用户画像可以包括用户的年龄、性别、地域、职业、兴趣爱好等信息。

同时,电商直播的精细化运营需要对数据进行实时监控和分析,及时了解用户的行为和反馈。通过对实时数据的监控,可以及时调整推荐策略、商品布局和营销活动,提供更好的用户体验和购物环境。电商直播的精细化运营依赖于大数据的支持,通过对用户数据和行为的分析,可以为企业决策提供数据支持和参考。通过对数据的分析,可以了解市场趋势、竞争对手的

---

① 侯伟胜.直播电商从野蛮生长进入到精细化运营新阶段[J].商业观察,2023,9(18):6-9.

情况,为企业的产品研发、市场推广和销售策略提供有力的数据支持。

2.个性化推荐

根据用户的历史行为和兴趣偏好,对直播内容和产品进行个性化推荐,提高用户体验和购买转化率。电商直播平台通过分析用户在平台上的历史浏览、收藏、购买等行为数据,了解用户的兴趣和偏好,建立用户画像。① 基于这些数据,平台可以向用户推荐符合其兴趣的直播内容和产品,提高用户的购买意愿和满意度。电商直播平台可以通过多种方式进行个性化推荐,如直播间内的个性化推荐列表、主播的个性化推荐话术等。推荐内容可以是相似产品、相关品牌、用户可能感兴趣的搭配或附加产品等。通过多样化的推荐方式,能够更好地引导用户进行购买行为,提高销售额。这种个性化推荐能够更好地满足用户需求,增加用户参与度和购买意愿,从而促进电商直播平台的发展。

3.实时互动

电商直播的精细化运营中,实时互动是一个非常重要的特点。实时互动是指在直播过程中,主播与观众之间能够进行即时的互动交流,与观众建立更紧密的关系,增加用户黏性和忠诚度。首先,通过直播间的实时弹幕功能,观众可以提问、留言、表达自己的意见和喜好,主播可以即时回应观众的问题和留言,增强了与观众之间的互动和沟通,使观众感受到主播的关注和重视。其次,实时互动可以促进购买决策。主播可以通过即时回应观众的评论,解答观众的疑虑,提供更多的信息和细节,帮助观众做出购买决策。观众可以在直播过程中立即下单购买商品,享受即时的优惠和限时抢购的权益。同时,主播可以通过回复观众的评论、提供专业的建议和推荐,建立起与观众之间的信任关系,增加了用户的忠诚度,对于电商直播的运营和发展具有重要的意义。

4.精准定位

根据不同的产品特点和目标受众,进行精准的定位和分层管理,制定相应的运营策略和推广方案。电商直播平台可以通过用户数据分析和市场调

---

① 戴静雯.数字经济背景下农产品电商直播营销的策略[J].全国流通经济,2024(1):40-43.

研等手段,准确了解不同产品的目标受众群体的特征和需求,从而进行精准定位,如对于年轻女性用户,可以选择与时尚、美妆等相关的产品进行直播,以吸引目标受众的关注和购买欲望。不同的产品具有不同的特点和卖点,电商直播需要根据产品的特点进行精准定位。例如,对于功能性产品,可以通过演示和讲解产品的功能和效果,吸引消费者的兴趣;对于情感性产品,可以通过讲故事和情感化的呈现方式,打动消费者的心灵。

电商直播平台可以根据不同的产品特点和目标受众,进行分层管理,如可以将产品分为高端、中端和低端等不同档次,对不同档次的产品进行不同的定位和推广策略。同时,也可以根据用户的购买力和消费习惯进行分层管理,提供个性化的推荐和服务。通过精准定位,电商直播平台能够更好地与目标受众进行沟通和互动,提升用户黏性和忠诚度,实现商业价值的最大化。

## (二)电商直播的精细化运营流程

电商直播的精细化运营是在互联网时代,通过数据驱动和个性化推荐等手段,对直播内容、产品和观众等方面进行精细化管理和优化的策略。通过精准的定位、个性化推荐和实时互动,提高用户参与度和购买转化率,实现电商直播的商业价值。电商直播的精细化运营流程主要体现在以下几方面。

### 1.目标设定

目标设定对电商直播的精细化运营非常重要,根据业务需求和市场情况,确定电商直播的运营目标,例如提高销售额、增加用户量或提升用户活跃度等。目标设定帮助企业明确电商直播的战略方向。通过设定明确的目标,企业可以制定相应的策略和计划,以实现目标。例如,如果目标是提高销售额,企业可以采取促销活动、打折优惠等策略来吸引消费者,提高销售额。目标设定可以帮助企业优化电商直播的运营效率。通过设定具体的目标,企业可以更好地分配资源、制定工作流程,并且对运营过程进行监控和调整。这样可以提高工作效率,减少资源浪费,从而提升电商直播的整体运营效果。

同时,目标设定可以帮助企业进行精确的绩效评估。通过设定明确的目标,企业可以将实际运营结果与目标进行比较,评估运营绩效。这样可以及时发现问题和不足,并采取相应的措施进行改进和调整,以提高电商直播的运营效果。此外,目标设定可以激发团队成员的工作动力和积极性。当团队成员明确了目标,他们可以更加清晰地知道自己的工作目标和职责,从而更加积极主动地投入工作。这样可以提高团队的合作效率和工作质量,推动电商直播的精细化运营。因此,在进行电商直播的精细化运营时,目标设定是一个必不可少的步骤。

2. 数据分析

数据分析是电商直播的精细化运营必不可少的步骤,通过对用户数据、产品数据和直播数据的分析、挖掘和统计,了解用户的行为特征和偏好,发现潜在机会和问题,并制定相应的运营策略。[①] 通过分析用户数据,可以了解用户在直播过程中的观看习惯、购买意愿、参与互动程度等行为特征和偏好,还可以发现用户对某些产品或某些直播内容的高度关注和互动,从而发现潜在的市场机会。同时,也可以发现直播中存在的问题,比如用户流失率高、转化率低等,从而及时采取措施进行优化和改进。此外,数据分析可以对直播运营效果进行监测和评估,基于数据的评估结果,直播运营人员可以调整运营策略和优化直播内容,以达到更好的运营效果,从而提升直播的质量和效果,实现更好的商业价值。

3. 内容策划

内容策划在电商直播的精细化运营中扮演着至关重要的角色,根据目标受众和产品特点,进行直播内容的策划和制定,包括话题选择、产品展示、互动环节等。内容策划是根据目标受众的需求和喜好来制定直播内容的过程。了解目标受众的年龄、性别、兴趣爱好等特点,能够帮助确定适合他们的话题和产品展示方式,从而提高直播的针对性和吸引力。内容策划可以帮助选择合适的产品展示方式,包括演示产品功能、展示产品使用场景等。通过精心策划的展示方式,能够更好地展示产品的特点和优势,提升产品的吸引力和销售效果。

---

①　刘照龙.专访蘑菇街范懿铭:精细化运营人货场,200 万粉丝也能单场直播破亿[J].国际品牌观察,2020(35):23-24.

内容策划可以安排互动环节,例如抽奖、问答、评论互动等,来增加观众的参与度和黏性。通过与观众的互动,可以增加观众的参与感,提高直播的互动性和趣味性,进而促进销售转化。内容策划可以体现品牌的特点和形象,通过直播内容的策划和制定,展示品牌的专业性、创新性和服务态度,从而增强品牌形象和影响力。内容策划的目的是吸引观众的注意力和兴趣,并最终促使他们购买产品。通过精细化的内容策划,能够提高直播的转化率和销售效果,实现电商直播的精细化运营目标。

4. 运营推广

通过精准的定位和推广渠道,吸引目标用户参与直播,提高观众数量和用户转化率。运营推广通过市场调研和数据分析,准确把握目标用户的需求、兴趣和购买行为,从而有针对性地制定直播内容和推广策略。精准定位目标用户可以提高直播的观众质量,增加用户对直播内容的关注度和参与度。运营推广需要根据目标用户的特点和消费习惯选择合适的推广渠道,如社交媒体平台、视频网站、电商平台等。通过在合适的渠道上进行推广,可以提高直播的曝光度和传播效果。

通过精细化的运营推广,可以增加直播的观众数量。观众数量的增加不仅可以提升直播的影响力和知名度,还可以增加用户的互动性和参与度,从而提高用户的转化率。用户转化率的提高意味着更多的用户愿意购买直播中展示的产品或服务,从而增加销售额和盈利能力。运营推广可以帮助电商直播提升用户体验和满意度。通过精准定位和推广渠道的选择,可以将更多符合用户需求和兴趣的直播内容推送给用户,提供更好的购物体验。同时,通过用户反馈和数据分析,运营推广还可以及时调整直播内容和推广策略,进一步提升用户体验和满意度。

# 三、电商直播的产业链资源整合

## (一)电商直播的产业链资源整合的必要性

在互联网时代,电商直播迅速崛起并成为电商行业的热门领域。随着电商直播的兴起,产业链资源整合也成为必不可少的环节。电商直播的产业链资源整合的原因在于其具有巨大的商业潜力。通过直播平台,商家可以实时展示商品,与观众进行互动,提高销售转化率。而观众则可以获得更真实、直观的购物体验。因此,电商直播的兴起吸引了众多商家和观众的关注,产业链资源整合成为必然之举。电商直播的产业链资源整合具有一定的流程特点。平台资源整合是搭建直播平台、提供技术支持和运营服务等。而商家资源整合是吸引商家入驻平台,提供商品、提升品牌曝光度。此外,主播资源整合是招募优秀主播,提供专业的直播内容和销售技巧。最后,观众资源整合是通过各种渠道吸引观众,提高观众的黏性和忠诚度。这一整合流程需要平台、商家、主播和观众共同努力,形成良好的合作关系和互惠互利的生态系统。

电商直播的产业链整合的资源涉及面广,包括商品、技术、流量、人才等多个方面,整合的资源需要实现多方共赢,各个环节的利益都需要兼顾和平衡。[①] 整合的资源需要具备可持续发展的特点,能够适应市场和用户需求的变化。电商直播的产业链资源整合带来了一系列的改变,资源整合可以提升电商直播的商业价值,实现双赢局面。通过整合优质商品、技术支持和流量资源,可以提升直播销售的效果,增加收入和利润。其次,资源整合可以提升用户体验,增加用户黏性和忠诚度。通过整合营销能力、粉丝资源和购物需求,可以为用户提供更好的购物体验,提高用户满意度。资源整合可以推动电商直播产业链的协同发展,实现资源的共享和互补,促进产业链的良性循环和可持续发展。

电商直播的产业链资源整合是电商直播发展的必然趋势,电商直播的产业链资源整合具有重要的必要性。整合资源可以提高电商直播的竞争力。通过整合优质的平台、商家、主播和观众资源,可以提供更多样化、专业化的直播内容,吸引更多的观众和商家入驻。同时,整合资源可以实现更高效的运营和营销。通过合理利用资源,可以降低成本,提高效率,实现更好的盈利模式。最后,整合资源可以促进产业的健康发展。通过合作共赢,形成良好的生态系统,推动电商直播行业的规范化和长期发展,实现更高效的运营和营销,促进产业的健康发展。

---

① 李子庆,杨威.直播电商供应链价值共创与利润分配机制研究[J].中国商论,2024(1):45-48.

## （二）电商直播的产业链资源整合的原因

电商直播形成后，为了实现更高效、更优质的直播经营，各个环节的资源需要进行整合。这样做的主要原因是为了提升电商直播的商业价值和用户体验，以及实现产业链的协同发展。电商直播包含了商品供应商、电商平台、主播、用户等多个环节，每个环节都需要进行资源整合，以便更好地满足用户需求。[①] 比如，供应商需要整合优质商品资源，电商平台需要整合流量资源和技术支持，主播需要整合粉丝资源和营销能力，用户需要整合购物需求和信任度等。只有各个环节的资源进行了有效的整合，才能实现产业链的高效运作。

电商直播的产业链资源整合流程是一个复杂的过程。首先，需要对各个环节的资源进行评估和选择，确定合适的合作伙伴，并进行资源整合的对接和协调，确保资源的流通和共享。其次，还需要进行资源的优化和整合，提升整个产业链的效率和效益。最后，要建立良好的合作关系和沟通机制，实现资源的长期合作和共同发展。

## （三）电商直播的产业链资源整合的内容

电商直播的产业链资源整合是一个复杂而全面的过程，需要整合各方资源，形成一个完整的生态系统，以实现电商直播的高效运作和持续发展。以下是电商直播的产业链资源整合的具体内容。

### 1. 内容创作与生产资源

在电商直播中，内容创作是至关重要的环节，它直接影响着直播内容的质量和吸引力。为了确保直播内容的成功，需要整合优质的内容创作者、导演、编剧、摄影师、化妆师等生产资源，形成一个完整的产业链资源整合。

内容创作者需要具备丰富的产品知识和销售技巧，能够吸引观众的注意力并促使他们购买产品。内容创作者还需要具备良好的口才和表达能力，能够与观众进行互动，提供实时解答和服务。导演和编剧则负责将内容创作者的想法和策划转化为具体的直播节目，编剧负责撰写节目的脚本，包

---

① 张潇化，赵云海，王琳. 逆向整合下"新零售"供应链场景化价值重构[J]. 商业经济研究，2022（5）：41-44.

括对话、剧情和互动环节等。他们需要具备创意和敏锐的观察力,能够捕捉到观众的兴趣点,并将其转化为直播节目的亮点。

此外,摄影师负责捕捉直播的画面和镜头,确保画面的美观和清晰度。摄影师需要具备良好的摄影技巧和创意,能够将产品的特点和优势通过画面传达给观众。同时,他们还需要具备一定的编辑能力,能够对拍摄的素材进行剪辑和后期处理,提高直播的质量和观赏性。化妆师在电商直播中也发挥着重要的作用。他们负责为直播主和演员进行化妆和造型,使其更加符合直播节目的主题和形象。化妆师需要具备丰富的化妆技巧和审美眼光,能够根据角色的要求进行不同风格的妆容设计。他们还需要具备快速化妆的能力,保证直播的顺利进行。此外,还有一些其他的生产资源也是电商直播中不可或缺的,比如灯光师、音效师、服装师等。他们的工作也都与直播内容的质量和吸引力密切相关。通过整合优质的内容创作者、导演、编剧、摄影师、化妆师等资源,可以确保直播内容的质量和吸引力,提高观众的参与度和购买意愿,从而推动电商直播产业的发展。

2.电商平台资源

电商平台资源是电商直播产业链资源整合的关键部分。电商平台需要与各类供应商建立合作关系,确保直播中所展示的商品能够供应充足、品质可靠。平台需要与厂商、批发商、代理商等建立合作关系,确保商品的来源稳定,并且可以提供多样化的商品选择。电商直播中,商品的仓储和物流环节非常重要。电商平台需要与仓储物流服务商合作,确保商品能够及时送达消费者手中。平台需要整合仓储资源,确保商品的储存、管理和配送能够高效运作,同时降低物流成本,并提供准确的物流信息。

电商平台可以通过自身的品牌影响力和用户基础,为直播提供更广泛的曝光和推广渠道。平台可以通过首页推荐、搜索推广、精准营销等方式,提升直播的曝光度和参与度,从而实现销售增长。电商平台需要提供稳定的技术平台和系统,确保直播的流畅进行。平台需要提供高可用性的服务器、快速的数据传输、安全的数据存储等技术支持,同时还需要提供直播工具和接口,方便主播进行直播操作和交互。电商平台需要提供完善的售后服务体系,包括退换货流程、投诉处理机制等。平台需要确保消费者在购买过程中的权益受到保护,提供及时有效的售后服务,提升用户的满意度和忠诚度。

此外,电商直播中的交易需要依靠电商平台提供的支付结算系统,平台需要与银行、第三方支付机构等建立合作关系,确保支付环节的安全、便捷和可靠。[1] 同时,平台需要提供完善的结算系统,确保交易款项能够及时到账,为直播主播和消费者提供良好的支付体验。

### 3. 主播和达人资源

主播和达人资源是电商直播产业链资源整合的重要组成部分,与优秀主播和知名达人签约合作是电商直播的首要任务。[2] 签约资源包括与主播和达人签订合作协议,确保双方权益和利益的平衡。通过签约资源,电商平台可以获得稳定的主播和达人团队,确保直播内容的质量和稳定性。同时,电商直播平台需要为主播和达人提供专业的培训资源,帮助他们提升直播技能和产品知识。培训资源包括直播技巧、产品知识、销售技巧等内容。通过培训资源,电商平台可以提高主播和达人的专业水平,提升直播的质量和吸引力。

电商直播平台需要通过各种渠道进行推广,提高直播的曝光度和观众数量。推广资源包括线上和线下的推广渠道,如社交媒体、电视广告、公众号等。通过推广资源,电商平台可以扩大直播的影响力,吸引更多用户参与直播购物。主播和达人在直播过程中会积累一定数量的粉丝,这些粉丝是宝贵的资源。粉丝资源包括粉丝群体的数量和质量。通过粉丝资源,电商平台可以触达更多潜在用户,提高用户黏性和转化率,从而推动电商直播产业链的发展。

### 4. 营销推广资源

电商直播的营销推广资源整合涉及与品牌商、广告代理商和媒体的合作,与品牌商合作是电商直播的重要环节。通过合作,品牌商可以提供产品、促销活动、营销策略等资源,为直播提供内容和商品支持。同时,品牌商还可以提供品牌形象、声誉和影响力,增加直播的可信度和吸引力。与广告

---

① 丛莉苹.直播电商营销策略及发展研究[J].商场现代化,2021(1):63-65.

② 陈永晴.直播电商:营销新势能的反思[J].出版广角,2020(21):46-48.

代理商合作可以为电商直播提供广告投放和推广渠道。广告代理商可以根据直播的特点和目标受众,制定广告投放策略,并选择合适的广告渠道,如电视、广播、户外广告等,增加直播的曝光度和影响力。同时,广告代理商还可以提供广告创意、制作和优化等服务,提高广告效果和用户参与度。

与媒体合作可以为电商直播提供宣传和报道的渠道。媒体可以通过新闻报道、专访、直播报道等形式,增加直播的曝光度和知名度。同时,媒体还可以为直播提供宣传素材和内容支持,如图片、视频、文字等,丰富直播的内容和互动方式。另外,与媒体合作还可以借助其社交媒体账号和粉丝群体,扩大直播的影响范围和用户参与度。通过整合品牌商、广告代理商和媒体等资源,电商直播可以获得商品、促销活动、广告投放和宣传报道等多方面的支持,提高直播的曝光度和用户参与度,进而达到营销推广的目标。同时,资源整合也可以实现多方共赢,品牌商可以通过直播获得更多销售机会和品牌曝光,广告代理商和媒体也可以通过与电商直播的合作,获得更多的商业机会和收益。

5. 技术支持与平台服务资源

电商直播的产业链资源整合涉及技术支持和平台服务两个方面。技术支持是指为电商直播提供技术方面的支持和服务,这包括直播技术的研发、优化和维护,确保直播过程中的稳定性和流畅性。[①] 具体来说,技术支持团队负责搭建直播平台的基础架构,包括服务器搭建、网络优化等,确保直播平台能够支持大规模的用户访问和高负载的直播流量。技术支持团队负责开发直播软件,包括直播推流、直播播放、弹幕、礼物特效等功能的实现。他们还需要不断进行优化和升级,提升用户体验和功能完善度。技术支持团队负责解决直播过程中出现的技术问题,包括网络延迟、画面卡顿、音频不同步等。他们需要及时响应用户的反馈并提供解决方案,确保直播的稳定性和用户体验。

平台服务是指为电商直播提供运营方面的支持和服务。这包括直播平台的运营管理、内容审核、商家支持等。具体来说,平台服务团队负责制定

---

① 于萍.移动互联时代跨境电商的场景营销沟通策略[J].对外经贸实务,2019(9):58—61.

直播规则和政策,管理直播平台的日常运营,确保直播内容的合规性和安全性。他们还负责推广直播活动,吸引更多的用户和商家参与。平台服务团队负责对直播内容进行审核,防止出现违规、低俗或虚假宣传等问题。他们需要建立审核机制,及时发现并处理不符合规定的直播内容。平台服务团队负责为商家提供直播培训、技术支持和运营指导等服务。他们需要与商家沟通合作,提供定制化的解决方案,帮助商家提升直播效果和销售业绩,共同助力电商直播的发展。

## 四、电商直播的精细化分工与专业化发展

### (一)电商直播精细化分工的原则

精细化分工指的是将电商直播各个环节进行细分,由不同的岗位和团队负责,以提高效率和专业性。电商直播精细化分工的原则主要包括以下几点。

#### 1.角色分工

电商直播作为一种新型的电商模式,需要通过精细化的角色分工来保证直播的顺利进行和效果的最大化。根据直播的内容和目标,将团队成员分配到不同的角色,如主播、产品经理、运营人员等。每个角色负责自己的专业领域,确保直播过程中的流程和信息传递的准确性。主播主要负责直播内容的呈现和产品的推介。主播需要具备良好的沟通能力、表达能力和吸引力,能够吸引观众的注意力并促使观众购买产品。主播需要对产品有深入的了解,能够清晰地介绍产品的特点、功能和优势,同时还需要具备一定的销售技巧和演讲能力,能够有效地引导观众进行购买。产品经理负责产品的选择和准备工作。产品经理需要了解市场需求和潮流趋势,根据市场需求选取适合直播销售的产品,并进行相关的准备工作,包括产品的包装、标签、价格等。产品经理还需要对产品的特点和功能进行深入了解,以便在直播中与主播进行配合,提供准确的产品信息。

同时,运营人员负责直播间的管理和运营工作。运营人员需要提前策划直播内容,制定直播计划,并与主播进行沟通和协调,确保直播的顺利进行。运营人员还需要对直播间的观众进行管理和互动,回答观众的问题,解

决观众的疑虑,提高观众的购买欲望。技术支持负责直播平台的技术支持和维护工作。技术支持人员需要保证直播平台的稳定运行,及时解决直播过程中出现的技术问题,确保直播的流畅和清晰。技术支持人员还需要对直播过程中的数据进行监控和分析,提供数据支持和反馈,以便运营人员和产品经理进行优化和改进。品牌营销人员负责直播中的品牌宣传和营销工作。品牌营销人员需要在直播中充分展示品牌形象和产品特点,提升品牌知名度和美誉度。品牌营销人员还需要与运营人员和主播进行配合,制定品牌宣传策略和营销方案,提高产品的销售量和市场份额。通过精细化的角色分工,每个角色都能够发挥自己的专业能力,实现最佳的合作效果,提升直播销售的效率。

2. 任务分工

电商直播的任务分工原则是根据直播的流程和需要,将任务分解为不同的环节,并明确每个人的具体任务。根据直播的需求和目标,确定不同的角色定位。比如,主播负责引导和推销产品,嘉宾负责分享经验和答疑解惑,摄像师负责拍摄和切换画面。每个角色需要有明确的职责和任务。根据每个人的特长和能力进行任务分配。比如,主播需要具备良好的口才和表达能力,嘉宾需要有专业知识和经验,摄像师需要擅长操作摄像设备和掌握拍摄技巧。

根据直播的时间长度和内容安排任务,合理分配任务的时间。比如,主播需要提前准备脚本和话术,嘉宾需要提前准备好相关资料和答疑问题,摄像师需要提前进行设备检查和场地布置。不同角色之间需要密切协作和配合。比如,主播和嘉宾需要互相配合,主播需要根据嘉宾的发言进行引导和提问,摄像师需要根据直播内容进行画面切换和拍摄。设立监控和调控机制,及时发现和解决问题。比如设立后台监控人员,负责监控直播过程中的问题和反馈,及时调整任务分工和内容表达,以保证直播的顺利进行。

3. 能力匹配

能力匹配是指根据不同的角色和职责,将合适的人员分配到适合他们能力的岗位上,以实现最佳的工作效果和业务成果。根据团队成员的专业背景、技能和经验,合理安排每个人的任务,确保每个人都能够发挥自己的优势和专长,提高直播的效果和质量。主播是电商直播的核心角色,需要具备良好的沟通能力、表达能力和主持能力,能够吸引观众的注意力,并能够流畅地介绍产品信息和推销产品。同时,主播还需要具备一定的产品知识和销售技巧,能够准确地传递产品的优点和特点。产品专家是电商直播中的重要角色,需要对所销售的产品有深入的了解和专业的知识。他们需要具备丰富的产品知识和经验,能够解答观众的问题,提供专业的意见和建议。产品专家还需要具备良好的沟通和表达能力,能够将产品的特点和优势生动地传达给观众。

摄像师和导播是电商直播的技术支持角色,他们需要具备专业的摄影和导播技术,能够通过不同的镜头和角度展示产品的细节和特点。他们还需要具备良好的协调能力和团队合作精神,与主持人和产品专家密切配合,确保直播画面的流畅和品质。客服是电商直播的重要环节,他们需要具备良好的沟通能力和服务意识,能够及时回答观众的问题和解决问题,提供满意的售后服务。客服还需要具备一定的产品知识和销售技巧,能够针对观众的需求进行个性化的推荐和建议。此外,电商直播需要进行数据分析和运营,以评估和改进直播效果。这些岗位需要具备数据分析和运营经验,能够对观众的行为和反馈进行分析,提供有针对性的运营策略和改进方案。通过合理的能力匹配,能够提高直播的质量和观众的满意度,推动电商直播的持续发展。

### 4. 沟通协调

电商直播的沟通协调原则是指在直播过程中,各个参与者之间进行有效的沟通和协调,以实现直播目标和最大化效益。在直播过程中,各个角色之间需要密切配合和协调,确保信息传递的顺畅和准确。因此,团队成员之间需要建立良好的沟通机制,及时沟通和协商,解决问题和调整方案。在电商直播中,所有参与者包括主播、产品经理、摄影师、编辑等必须明确共同的目标,即提高产品销量和用户满意度。通过共同的目标,各方可以更好地协调合作,避免因为目标不一致而导致的冲突和混乱。

直播过程中,各方之间的信息交流必须流畅顺畅。主播需要及时了解产品的特点和优势,产品经理需要提供清晰的产品介绍,摄影师和编辑需要及时掌握直播内容和效果。通过畅通的信息流,可以提高直播的质量和效果,让观众更好地了解和购买产品。在电商直播中,每个参与者必须明确自己的角色和责任。主播负责产品的展示和销售,产品经理负责产品的介绍和推广,摄影师和编辑负责直播的拍摄和后期制作。通过明确的角色分工,可以提高工作效率和协作效果,避免任务重叠和责任混淆。

电商直播是一个团队合作的过程,各个参与者之间需要密切协作。主播需要与产品经理共同制定直播方案,与摄影师和编辑密切配合完成拍摄和制作工作。通过团队协作,可以提高直播的整体效果和用户体验。在电商直播过程中,各方需要及时进行反馈和改进。主播需要根据用户的反馈调整直播内容和方式,产品经理需要根据销售情况和用户反馈优化产品,摄影师和编辑需要根据观众的反馈改进拍摄和制作。通过不断地反馈和改进,可以提高直播的质量和效果,增加用户的满意度和购买意愿。

5. 监督和评估

电商直播的监督和评估原则是确保直播过程的质量和效果,以提高销售转化率和用户满意度。建立监督和评估机制,对直播过程进行监控和评估,及时发现问题和不足,并采取相应的措施进行改进和优化。确保直播内容的真实性、合法性和准确性,禁止虚假宣传和误导消费者行为。监督主播的言行举止,禁止违法违规行为和不良行为,维护直播平台的秩序和形象。确保直播设备的安全性和可靠性,防止设备故障对直播过程的影响。监督直播时间的合理安排,避免过长或过短的直播时间对用户体验的影响。

同时,根据直播的销售转化率、用户互动和用户反馈等指标评估直播的效果,及时调整直播策略和内容,提高销售效果和用户满意度。通过用户调查、评价和反馈等方式,评估用户对直播的满意度和体验,发现问题并及时改进。评估直播过程中的流程和环节,发现问题和瓶颈,优化直播流程,提高效率和质量。通过数据统计和分析,评估直播的观看量、观众互动、转化率等指标,为直播策略和决策提供依据。收集用户对直播的反馈和意见,评估用户需求和偏好,为直播内容和形式的改进提供参考。

在实际运营中,电商直播平台需要建立相应的监督和评估机制,制定相关规章制度,配备专门的监督和评估团队,对直播内容、行为、设备、时间等方面进行监督,同时通过评估直播效果、用户满意度、流程和数据分析等方式,不断优化直播策略,提高直播质量和效果。这样可以确保直播过程的规范性、真实性和有效性,提升用户体验和平台形象。通过以上的精细化分工原则,可以提高团队的协作效率和直播的质量,提升用户体验,实现更好的直播效果和业绩。

### (二)电商直播的专业化发展原则

随着电商直播市场的竞争加剧,主播需要具备专业的产品知识和销售技巧,以吸引和留住观众。他们需要深入了解所销售产品的特点、使用方法、优势等,并能够准确回答观众的问题。专业化发展是指电商直播行业中的从业人员逐渐形成专业化的能力和知识体系。电商直播是指通过网络直播平台,以直播形式进行商品展示、销售和推广的一种电子商务模式。在电商直播中,专业化是其发展的基本原则,具体体现在以下几个方面。

#### 1. 主播专业化与个性化

电商直播作为一种新兴的电商模式,以其互动性高、实时性强的特点,受到了广大消费者的喜爱。电商直播需要有专业的主播来进行商品展示和推广,他们需要具备良好的沟通能力、销售技巧和产品知识,可以更好地满足消费者的需求,提升用户体验,增加用户黏性。[①] 不同的主播具有不同的风格,吸引不同类型的用户。根据用户的喜好,电商直播平台可以选择合适的主播,提供符合用户口味的直播内容。专业的主播能够准确把握受众需求,通过个人魅力和专业素养吸引用户,提高销售转化率。

个性化是电商直播的专业化发展的基本原则之一,通过个性化的服务和推荐,个性化原则体现在直播主播的选择上。通过个性化的主播选择,可以更好地吸引用户,提高观看率和购买转化率。个性化原则在电商直播中体现在商品推荐上,为每个用户量身定制商品推荐,提供与其兴趣相关的直播内容。个性化原则在电商直播中体现在用户互动上。电商直播注重与用户的实时互动,通过弹幕、评论、点赞等功能,让用户参与到直播过程中。个性化原则要求根据用户的互动行为,给予相应的反馈和回应,增强用户的参

---

① 宋玮.融媒时代网络直播的创新与突破[J].中国地市报人,2023(8):89-91.

与感和获得感。同时,可以根据用户的互动行为,提供个性化的产品咨询和服务,满足用户的需求。此外,个性化原则还可以体现在直播场景和直播形式上。电商直播可以根据不同的商品类型和用户需求,选择不同的直播场景和形式,为用户提供个性化的购物体验。例如,在直播美食产品时,可以选择在厨房中进行烹饪演示;在直播时尚产品时,可以选择在时尚秀场进行模特走秀。通过个性化的直播场景和形式,可以更好地展示商品特点,提升用户购买欲望。

2. 内容专业化

随着电商直播的快速发展,专业化的直播内容已经成为直播行业的重要趋势。专业化直播内容可以提高商品的展示效果,增加购买的决策性,提升用户体验,从而增加销售量。电商直播需要提供高质量的内容,包括商品介绍、使用方法、功能特点等。这些内容需要经过精心策划和准备,以满足用户的需求和期望。同时,内容还需要具备专业性,能够提供准确、权威的信息,增强用户对商品的信任感。

主播需要具备对商品的专业知识,了解商品的特点、用途、优势等,能够深入解读商品的价值,为观众提供专业的购物建议。主播需要准备丰富多样的内容,包括商品介绍、使用演示、行业知识分享等,以吸引观众的注意力,提高关注度和购买意愿。此外,主播需要具备创新思维,不断尝试新的直播方式和内容形式,提升直播的趣味性和吸引力。通过专业化的直播内容,可以提高观众对商品的认知和购买的决策意愿,进而增加销售量,促进电商直播的发展。

3. 产品专业化

电商直播的核心是商品销售,因此产品的专业化十分重要。电商直播需要选择具有优质品质和口碑的产品,确保产品质量和用户体验。电商直播的品质导向原则是指在电商直播过程中,注重产品品质、服务品质和用户体验,以提供高品质的购物体验,从而实现销售增长和用户满意度的双赢。同时,电商直播还需要为产品提供专业的包装、售后服务以及品牌推广等,提升产品竞争力。主播需要注重产品的品质和服务的质量。他们应该选择优质的产品,并提供良好的售后服务,以赢得观众的信任和口碑。电商直播的目的是销售产品,因此产品的品质是直接影响销售效果和用户满意度的关键因素。品质导向要求在直播过程中,主播要对产品进行充分了解和体验,确保产品的质量和性能符合用户的期望。同时,直播过程中要展示产品的真实面貌,避免虚假宣传和夸大产品效果,以保证消费者购买到真正符合需求的产品。

服务品质是电商直播的重要组成部分。直播过程中,主播要积极回答用户的问题和疑虑,提供专业的购买建议和售后服务,确保用户的购物体验无缝衔接。[①] 服务品质导向要求主播具备良好的沟通和解决问题的能力,能够及时解答用户的疑问,提供个性化的购物指导,为用户提供更好的购物体验。服务品质导向要求主播要注重用户的感受和需求,通过互动、抽奖、福利等方式增强用户参与感和忠诚度。此外,主播要注意直播的时长和内容的质量,避免过度营销和冗长无聊的内容,保持直播的新鲜度和吸引力,提高用户的观看率和留存率。通过注重产品品质、提供优质的服务和关注用户体验,电商直播可以实现销售增长和用户满意度的双赢,可以提升电商直播的竞争力和市场地位。

### 4.直播多样化

电商直播的多样化原则是指在直播过程中,通过多样化的内容和形式,满足不同消费者的需求,提升用户体验,从而实现更好的销售效果。主播需要具备多样化的销售技巧和手段,以吸引观众的注意力和兴趣。他们可以通过不同的方式展示产品,如示范使用、现场试用和观众互动等,从而提高观众的购买欲望。

电商直播可以涵盖各行各业的产品,包括服装、美妆、家居、食品等多个领域。通过展示不同种类的产品,满足不同消费者的购物需求,扩大销售范围。电商直播可以采用多种形式的内容进行直播,如产品试用、产品讲解、时尚搭配、美妆教程等。不同的内容形式能够吸引不同类型的观众,提高观众的参与度和购买意愿。

同时,电商直播中的主播可以有不同的风格和个性,如幽默风趣、温柔

---

① 苑艺朦,苏春艳.物化与游走:电商直播平台异化与个体主播的抵抗战术[J].传媒论坛,2024,7 (5):35-39.

可人、专业知识等。不同的主播风格可以吸引不同类型的观众,增加观众的黏性和忠诚度。电商直播可以通过多种互动方式与观众进行沟通,如抽奖、问答、评论互动等。通过提供多样化的互动方式,增加观众的参与感和购买欲望,促进销售。电商直播可以在不同的场景中进行直播,如商场、工作室、户外等。不同的直播场景可以为产品赋予不同的氛围和情感,吸引观众的注意力,提高销售效果。多样化可以促进电商直播行业的发展和创新,推动直播平台和品牌商合作的深入,为消费者提供更丰富多样的购物体验。

5.客户体验原则

电商直播的客户体验原则是指在电商直播过程中,为了提升用户的满意度和购物体验,制定一系列的原则和策略,从而提供更好的服务。主播需要关注观众的体验,提供良好的购物环境和服务。他们可以通过提供实时互动、快速响应问题、提供优惠活动等方式,提高观众的满意度和忠诚度,通过不断提升主播的专业能力和服务质量,为观众提供更好的购物体验,从而实现销售增长和品牌价值的提升。

电商直播的观看体验对用户的满意度有很大影响。直播平台应提供稳定、快速的网络连接,保证直播的流畅性和清晰度。同时,主播要注意直播过程中的操作流程,避免出现错误和卡顿现象,以免影响用户的观看体验。电商直播过程中,用户可能会遇到问题或者对产品有不满意的地方。直播平台和主播应及时回应用户的问题和投诉,解决用户的困扰,提高用户的满意度和忠诚度。对于一些重要的问题和投诉,应及时进行处理和解决,避免对用户造成负面影响。

## (三)电商直播的精细化分工与专业化发展的前提

随着电商直播行业的快速发展,精细化分工和专业化发展成为行业发展的重要趋势。在电商直播行业中,精细化分工可以分为直播主播、摄像师、编导、后期制作、销售等多个岗位。直播主播负责产品推荐、销售引导等工作,摄像师负责直播画面的拍摄和切换,编导负责直播内容的策划和导演,后期制作团队负责对直播录像进行剪辑和修饰,销售团队负责跟进销售并处理客户咨询等。通过这种精细化的分工,每个岗位都可以专注于自己的工作,并且能够更加高效地完成任务。

与此同时,电商直播行业也需要不断提升从业人员的专业能力。主播需要具备良好的沟通能力、销售技巧和产品知识;摄像师需要熟悉摄影和拍摄技术,并具备一定的艺术审美;编导需要具备创意和策划能力,能够设计吸引人的直播内容;后期制作团队需要熟悉剪辑和修饰软件,具备良好的审美眼光;销售团队需要了解市场需求和销售技巧,能够有效地与客户进行沟通和交流。只有通过不断的学习和专业能力的提升,才能适应行业的发展需求。在电商直播行业中,精细化分工和专业化发展相辅相成,共同推动行业的健康发展。通过精细化分工,可以提高工作效率和质量,实现更好的市场竞争力;通过专业化发展,可以提升从业人员的能力水平,为行业的长期发展提供有力的支持。因此,电商直播企业和从业人员应该重视精细化分工和专业化发展,不断提升自身能力,为行业的发展做出贡献。

### (四)电商直播的精细化分工与专业化发展的必要性

随着互联网时代的发展,电商直播逐渐兴起,为了更好地满足消费者的需求,精细化分工与专业化发展变得必要。电商直播需要精细化分工与专业化发展是因为直播行业的竞争日益激烈,只有通过精细化分工,才能提高效率,提供更好的服务。在电商直播中,分工涉及主播、产品经理、摄像师、后期编辑等不同角色,每个人专注于自己的工作,能够更好地展示商品和吸引消费者的注意力。专业化的主播能够提供更好地沟通和引导,增加消费者的购买决策,专业的产品经理能够熟悉产品知识,有效地解答消费者的问题,提高销售转化率,专业的摄像师和后期编辑团队能够提供高质量的视频和图片素材,提升直播的观赏性和购买欲望。

此外,电商直播的精细化分工还会对产业链上下游产生影响。直播行业的发展需要更多的从业人员,从而带动了相关产业的发展,如直播设备制造商、直播平台开发商等,形成了一个完整的产业生态系统。电商直播的精细化分工和专业化发展对于消费者、企业和经济社会的意义也是不可忽视的。对于消费者来说,精细化分工能够提供更好的购物体验,使他们更容易找到自己想要的产品,同时也提供了更多的购物选择。对于企业来说,精细化分工和专业化发展能够提高销售效果,提升品牌形象,增加市场份额。对于经济社会来说,电商直播的发展能够促进就业,推动经济增长,加快数字化转型。随着直播行业的发展,越来越多的人加入电商直播行业中,他们通过不断学习和提升自己的专业能力,提供更好的服务,从而推动整个行业的发展。

# 第三节　电商直播场景化的逐步构建

## 一、电商直播迈入场景时代

### (一)电商直播迈入场景时代的前提

技术的进步为电商直播迈入场景时代提供了条件。随着5G技术的普及和网络速度的提升,直播平台可以更好地支持高清、流畅的视频传输,为展示商品的细节和特点提供了更好的平台。虚拟现实、增强现实等技术的应用也进一步丰富了电商直播的场景化元素,通过场景化的设置,消费者可以更直观地感受到商品的特点和优势,增强购买的决策信心。[①] 同时,场景化的设置也能够提高购物的趣味性和互动性,吸引更多的用户参与,从而促进销售的增长。

另外,直播达人的崛起也是电商直播进入场景时代的重要前提。直播达人通过自身的影响力和专业化的内容,吸引了大量的忠实粉丝,这些粉丝对于直播达人的推荐和产品演示更加信任。因此,直播达人可以通过场景化直播为商品赋予更多的故事性和情感化,提高购买转化率。此外,品牌商需要积极拥抱直播形式,将产品与场景相结合,创造出更多有趣、吸引人的内容。电商平台则需要提供更完善的直播功能和技术支持,为直播达人和消费者提供更好的体验。

### (二)电商直播迈入场景时代的原因

随着经济的发展和人们收入水平的提高,消费者对商品的需求也不再

---

① 王福,闫雅苹,刘宇霞,等.短视频平台场景化感官服务效用形成机理及其模型构建[J].现代情报,2022,42(10):27-35.

局限于基本生活需求,而更加注重个性化和高品质的消费体验。传统的电商购物体验相对单一,消费者往往只能通过图片和文字了解商品,无法真实感受产品的质感、功能等。而场景化直播则可以通过实时展示产品的使用场景、实际效果等,让消费者更直观地了解商品,提升购买欲望。这一发展趋势的出现,是由多种因素推动和促成的。在传统的电商直播模式中,消费者对于商品的了解程度有限,无法真实地感受到商品的外观、质感等特点。而通过引入场景化元素,可以为消费者提供更真实的购物体验,让他们更好地了解和体验商品。

其次,场景化的设置可以为电商直播注入新的活力和竞争力。传统的电商模式只能通过文字和图片来展示商品,而电商直播则能够实现实时互动,消费者可以与主播进行实时沟通和互动,提问、评论、购买等一系列操作都可以在直播过程中完成。这种互动体验不仅增加了消费者的参与感,也提高了购买决策的准确性。在激烈的市场竞争中,电商直播需要不断创新和突破,才能保持竞争优势。电商直播迈入场景时代是电商直播发展的必然趋势,迈入场景时代,不仅可以为消费者提供更好的购物体验,也可以吸引更多的用户和关注度,从而提升销售率和品牌影响力。通过引入更多的场景元素,可以提升购物体验、满足消费者的需求,同时也能够为电商直播注入新的活力和竞争力,促进行业的进一步发展。电商直播不仅仅是商品的展示和销售,更具有娱乐性。主播的表演和互动带来了一种轻松、愉快的购物体验,吸引了更多的观众参与和关注,也为商家提供了更多的营销渠道和机会。

## 二、电商直播场景的鲜明特征

电商直播场景的鲜明特征是指在电商直播过程中所具备的特点和明显特征,为观众提供了一种全新的购物体验,促进了电商销售的发展。以下是电商直播场景的鲜明特征。

### (一)产品展示与随时互动

电商直播场景中,主要目的是展示和推销产品。主播通过直播的形式,详细介绍产品的特点、使用方法、优势等,通过展示产品的实际效果吸引观众的兴趣。主播或商家通过视频直播平台展示各类商品,包括服装、美妆、家居用品、电子产品等。通过直播的形式,观众可以实时看到商品的外观、功能、使用方法等,更加直观地了解产品的细节和特点。主播还可以通过穿搭、试用等方式展示商品的实际效果,增强观众的购买欲望。随时互动是电商直播的另一个特征。观众可以在直播过程中通过弹幕、评论、点赞等方式与主播进行实时互动,主播在直播过程中可以及时回答观众的问题,提供专业的建议和推荐。这种互动的形式增加了观众的参与感和购买决策的信心。

### (二)专业解说

在电商直播场景中,主播通常是行业专家、明星或网络红人,他们具备丰富的产品知识和销售技巧。他们能够对产品进行专业解说,解答观众的问题,增加观众对产品的信任感。专业解说需要对所销售的产品有深入的了解和研究,掌握产品的特点、功能、用途、材质等相关知识。他们能够准确地回答观众的提问,并对产品进行详细的解说和演示。专业解说需要具备良好的口头表达能力,能够清晰、流畅地介绍产品,并吸引观众的注意力。他们使用生动形象的语言、丰富的词汇和恰当的修辞手法,使观众对产品产生兴趣和购买欲望。

专业解说在直播过程中需要巧妙地运用各种演示技巧,例如通过实物展示、使用演示、对比演示等方式展示产品的优势和特点。他们能够将产品的实际效果和用户体验通过直播传达给观众,增加观众对产品的信任和购买的欲望。专业解说需要与观众建立良好的互动关系,通过回答观众的问题、与观众的互动、解答观众的疑虑等方式增加观众的参与感和购买的信心。他们能够根据观众的需求和反馈,及时调整直播内容,提供个性化的购买建议。专业解说在电商直播场景中需要保持诚信和可靠性,对产品进行真实、客观的介绍和评价。他们不会夸大产品的优点或隐瞒产品的缺点,而是提供真实的购买信息和建议,增加观众对产品的信任和购买的决心,促进观众的购买行为,推动电商直播的发展。

### (三)促销活动

电商直播场景中,主播经常会进行促销活动,如限时抢购、特价优惠等,以吸引观众购买产品。这种促销方式能够在短时间内创造紧迫感和购买欲望。电商直播场景中,主播在直播过程中会引导观众购买,通过促销手段如限时抢购、满减等活动来促进销售。[①] 主播会根据观众的需求和反馈进行产品推荐,并通过促销活动吸引观众的关注和参与度,提高产品的销售量。在电商直播场景中,促销活动是吸引观众参与和提高销售的重要手段。通过限时抢购、优惠券、满减等促销活动,可以激发观众的购买欲望,增加观众购买的次数。

### (四)社交分享

电商直播场景中,观众可以通过分享直播内容、评论点赞等方式与自己的社交圈进行交流和分享。这种社交分享能够扩大直播的影响力,增加产品的曝光度。电商直播提供了社交分享的功能,让观众可以将直播内容分享到自己的社交圈,如微信、微博等。观众可以将自己觉得有价值、有趣的直播内容分享给朋友,从而扩大直播的影响力,增加观众的参与度。

电商直播通过建立一个专属的社区平台,让观众之间可以相互交流和分享购物心得,观众可以在社区中与其他观众进行讨论、交流意见,分享购买体验和使用心得,形成一个互相帮助和互动的社区,增加观众的参与度和忠诚度。[②] 电商直播往往会邀请明星、网红等有一定影响力的人物来进行直播,吸引更多的观众参与和关注。明星的参与可以增加直播的曝光度和影响力,吸引更多的观众参与互动,提升产品的销售量。

## 三、电商直播场景的运用价值

### (一)产品的展示与销售

产品展示与销售在电商直播场景中具有重要的运用价值,随着电商行业的发展,越来越多的商家开始意识到直播带来的巨大商机,而产品展示与销售是直播的核心内容之一。电商直播场景可以直观地展示商品的外观、

---

① 刘畅.新媒体营销环境下关于网红直播电商模式的研究[J].商场现代化,2022(15):47-49.

② 李依麦.场景理论视域下电商直播的社群效应研究[J].湖南工业职业技术学院学报,2023,23(4):38-41.

功能和使用效果,通过主播的介绍和演示,提供更加真实、立体的购物体验,增加消费者的购买欲望,促进销售。

　　传统的线下销售方式往往需要顾客亲自前往实体店铺才能了解产品的细节,而直播可以直接把产品展示给观众,让他们能够更直观地了解产品的外观、功能等特点,增强购买的信心。同时,观众可以在线上直播平台上直接与主播进行互动,提出问题、询问产品相关的信息,主播可以即时回答观众的疑问,为他们提供专业的购物建议。这种互动的购物体验不仅能够增加观众的参与感,还能够提高购买的决策效率。此外,直播还可以通过限时抢购、打折促销等形式增加购买的冲动。在直播过程中,主播可以设定一些限时的促销活动,如限时抢购、满减优惠等,观众在直播间就能够享受到一些独家的优惠,增加他们购买的欲望,从而提高销售效果。

### (二)互动与沟通

　　在电商直播场景中,互动与沟通是非常重要的运用价值,能够增强消费者与主播之间的亲密度和信任感。通过直播的形式,消费者可以实时与主播进行互动,提出问题、表达意见、分享想法,而主播也可以即时回应和解答消费者的疑问,这种互动过程可以建立更加紧密的关系。电商直播场景为消费者提供了与主播实时互动的机会,消费者可以通过弹幕、评论等方式与主播进行互动交流,提出问题、表达需求,主播也可以根据消费者的反馈及时做出回应,增强用户参与感和满意度。

　　互动与沟通也能够提高消费者的购买决策效果。在直播过程中,主播可以通过互动与沟通了解消费者的需求和偏好,从而有针对性地介绍和推荐商品,帮助消费者做出更加明智的购买决策。同时,消费者也可以通过互动与沟通获取更多的产品信息和使用心得,从而更加准确地评估商品的价值和适用性。此外,互动与沟通还可以提升直播场景的娱乐性和参与感。在直播中,主播可以通过互动活动、抽奖等方式吸引消费者的注意力和参与度,增加直播的趣味性和互动性。消费者也可以在直播间与其他观众进行交流和互动,分享购物心得和体验,从而加强消费者的参与感和社交互动率。通过充分利用电商直播场景中互动与沟通的特点,可以更好地实现电商直播的目标和效果。

### （三）品牌推广与口碑营销

在电商直播场景中,品牌推广和口碑营销具有重要的运用价值。品牌推广可以帮助企业提升品牌知名度和形象,吸引更多消费者的关注。通过直播平台的广泛传播,品牌信息可以迅速传播到更多人群中,提高品牌曝光度。品牌可以通过直播间的背景布置、主播的形象塑造等方式进行品牌推广,提升品牌知名度和美誉度。同时,消费者在直播过程中的互动和评价,也会直接或间接地影响其他消费者对品牌的印象与购买决策,起到口碑营销的作用。

同时,口碑营销也是电商直播中不可或缺的一环。消费者对于其他消费者的评价和推荐更容易产生信任感,因此,直播中的用户评价和互动可以有效地提升产品的口碑。[①] 通过直播过程中的产品展示、实际使用效果展示、用户实时评价等方式,消费者可以更直观地了解产品的特点和优势,从而加强购买的决策信心。通过提升品牌知名度和塑造良好的口碑形象,企业可以吸引更多用户参与直播活动,增加销售转化率,实现业务增长。因此,品牌推广和口碑营销在电商直播场景中具有重要的价值和作用。

### （四）营销数据与用户洞察

在电商直播场景中,营销数据与用户洞察具有重要的运用价值。营销数据指的是通过对用户行为、购买习惯等数据进行分析和挖掘,从中获取有关用户需求、偏好和购买意向等信息。通过分析营销数据,电商平台可以深入了解用户的消费行为和购买决策过程,从而精确把握用户需求,提供个性化的推荐和服务,提升用户体验。用户洞察则是通过对用户行为、兴趣爱好、社交关系等多维度数据进行分析,了解用户的特征和行为模式。通过深度洞察用户,电商平台可以更好地了解用户的需求和偏好,为用户提供更加精准的推荐和个性化服务,提升用户忠诚度和购买意愿。电商直播场景可以收集用户的观看时长、点击量、转化率等数据,帮助商家分析用户喜好、购买行为等,从而优化商品推荐、营销策略,提高销售效果。此外,通过用户在

---

① 王宝义,王寒寒,丁平.直播电商发展的多维逻辑审视[J].工信财经科技,2023(1):87-101.

直播中的表现和反馈,也可以获取用户对产品的真实评价,为产品改进和升级提供参考。

## 四、电商直播场景的主要类型

### (一)产品展示型场景

产品展示型场景是最常见的电商直播场景,主要通过直播展示产品的特点、功能、用途等,吸引观众的兴趣并促使其购买。主播通过直播形式展示和介绍各类产品,包括服装、美妆、家居用品等。观众可以在直播中了解产品的特点、使用方法等,并进行购买。

产品展示型场景通过直播形式,将产品的实际使用效果展示给观众,让观众能够更直观地了解产品的外观、功能和特点。观众可以通过直播平台与主播进行互动,主播可以实时回答观众的问题,增加用户参与度。直播平台通常会提供即时购买的功能,观众可以在直播过程中直接购买产品,提高购买转化率。

直播的形式可以为观众营造出一种购物的氛围,增加购买欲望,提高销售效果。通过真实展示产品的使用效果,观众可以更加信任产品的质量和性能,增加购买的信心。主播通常是产品的专业人士或达人,他们可以对产品进行专业解说和推荐,帮助观众更好地了解产品。产品展示型场景可以直接促进销售量增加,观众可以在直播过程中直接购买产品,提高销售转化率。观众也可以通过互动与主播建立联系,增加用户的黏性,提高用户留存率。通过产品展示型场景,品牌可以直接展示产品的特点和优势,提高品牌知名度和推广效果,对销售增长、用户黏性和品牌推广等方面都有积极的影响。

### (二)互动娱乐型场景

互动娱乐型场景是指在电商直播中,主播和观众之间进行互动娱乐的场景,这种场景注重与观众的互动和娱乐,主要通过游戏、抽奖、问答等形式,增加观众的参与感和忠诚度。[①] 主播会设计一些小游戏或者抽奖环

---

① 夏文.基于电商网络直播的营销策略选择研究:以抖音为例[J].老字号品牌营销,2022(20):15—17.

节,观众通过互动参与,有机会获得奖品或优惠券。这种类型的场景迅速发展,已成为电商直播的主要形式之一。观众可以根据自己的偏好选择感兴趣的内容和商品,主播也可以根据观众的反馈进行个性化推荐,提升购买决策。互动娱乐型场景注重主播的娱乐表现力,通过搞笑、幽默、互动等方式吸引观众的注意力,提高观看时长和转化率。

互动娱乐型场景通过主播的解说、试用、评价等方式,增强了产品的可信度和吸引力,促进了观众的购买决策。观众在互动娱乐型场景中可以体验到与主播的互动乐趣,增加了用户的参与度和黏性。通过互动娱乐型场景,品牌可以有效地传达产品信息,提升品牌知名度和影响力,增加用户对品牌的信任度。互动娱乐型场景的兴起,为电商直播带来了新的发展机遇,推动了电商行业的快速发展和转型升级。互动娱乐型场景为观众提供了更加丰富、有趣的购物体验,增加了购买的乐趣和满足感。互动娱乐型场景的出现,催生了一系列新的商业模式,例如主播带货、社交电商等,为商家和平台创造了更多的商业机会。总而言之,互动娱乐型场景在电商直播中具有独特的优势,对推动电商发展、提升消费体验和创造新的商业机会起到了重要的影响。随着技术的不断进步和用户需求的变化,互动娱乐型场景的发展潜力将会更加广阔。

### (三)品牌推广型场景

电商直播场景是一种将品牌推广与实时直播相结合的营销方式,主播与品牌合作,通过直播宣传和推广品牌的产品,提升品牌知名度和销售额。这种场景主要用于品牌推广和宣传中,通过电商直播的形式,向观众展示品牌的文化、价值观、产品系列等。主播会以品牌形象为核心,通过讲故事、分享经验等方式,吸引观众对品牌产生认同感,并提高品牌的知名度和美誉度。

品牌推广型场景能够吸引大量的观众,通过直播平台的推广和分享,可以迅速提高品牌曝光度。直播过程中,主播可以展示产品的特点和优势,通过专业的演绎和口碑推荐,有效增强品牌形象。通过直播画面,观众可以直观地了解产品的外观、使用方法等细节,从而更加准确地评估产品的价值。观众的购买行为和评论可以即时反馈给主播和品牌,帮助品牌及时调整策略和改进产品。

### (四)跳蚤市场型场景

跳蚤市场型场景是指通过电商直播平台进行商品展示和销售的一种场景类型。这种场景主要通过直播的方式,让主播和观众进行二手物品交易。主播会展示自己的二手物品,并提供价格和交易方式,观众可以在直播间购买或者交换物品。这种场景适合观众寻找特定二手物品或者进行物品交换。

跳蚤市场型场景通常包含各类商品,涵盖服装、家居用品、电子产品等多个领域,满足消费者多样化的购物需求。跳蚤市场型场景融合了购物和娱乐的元素,消费者可以在直播间中观看主播的表演、游戏等,增加购物的娱乐性和趣味性。跳蚤市场型场景的兴起促使了电商直播行业的发展,为很多人提供了就业机会,尤其是主播、导购等职位。在传统的实体店或传统电商平台之外,跳蚤市场型场景为品牌商家提供了一种新的销售渠道,扩大了品牌的曝光度和市场覆盖面,为消费者提供了更加丰富多样的购物体验,同时也带来了更多的销售机会和就业机会,对于电商行业的发展具有积极的影响。

### (五)售后服务直播场景

售后服务直播场景是指在电商直播过程中,主播或客服人员通过直播形式为消费者提供售后服务和解答疑问的场景。主播通过直播回答观众关于产品的问题,提供售后服务和解决方案。观众可以通过直播获得及时的售后支持。消费者可以通过直播平台即时与主播或客服人员进行沟通,获得实时的售后服务。通过直播形式,消费者可以直接看到主播或客服人员的操作和解答过程,更直观地了解产品的使用方法和问题解决过程。消费者可以通过弹幕、评论等方式与主播或客服人员进行互动,提出问题、反馈意见等。

消费者可以在购买后即时获得问题解答和售后服务,提高购物体验和满意度。通过直播形式,消费者可以直接与主播或客服人员进行沟通,感受到个性化的服务,增加对商家的信任度。主播或客服人员可以通过直播形式清晰地演示产品的使用方法,解答消费者的疑问,更有效地解决问题。售后服务直播场景可以为消费者提供更全面的购物支持,提高购买决策的信心,从而增加销售额。售后服务直播场景可以为电商平台提供差异化的服务,提升平台的竞争力。

### (六)行业专家直播场景

行业专家直播场景是电子商务与直播技术的新型营销方式之一。邀请行业内专家或知名人士进行直播,分享行业动态、经验和知识,提供有价值的信息给观众。行业专家直播场景通常由行业内的专业人士担任主播,他们具备丰富的行业知识和经验,能够提供专业的解说和建议。

行业专家直播场景可以根据不同的行业特点和需求进行定制化设置,以满足特定行业的营销需求。通过邀请行业专家担任主播,能够提升观众对产品或服务的信任度,增加购买的意愿。行业专家能够对产品的特点、功能、使用方法等进行专业解读,帮助消费者更好地了解产品,增加消费者对产品的信任度,从而提高销售转化率,增加销售额。观众可以实时与主播进行互动,提出问题或疑虑,主播可以及时解答,帮助消费者解决问题,提供个性化的购买建议。

# 第四章
# 电商直播场景化营销的构成要素

## 第一节　电商直播场景化营销的基础条件

### 一、移动设备

根据我国发布的第 53 次《中国互联网络发展状况统计报告》,截至 2023 年 12 月,我国网民规模已达 10.92 亿人,较 2022 年 12 月增长 2480 万人;互联网的普及率高达 77.5%,较 2022 年 12 月提升 1.9 个百分点。在这其中,即时通信、网络视频、短视频用户规模分别达到了 10.60 亿人、10.67 亿人和 10.53 亿人,这说明了移动设备和互联网在我国的普及,而这也为电商直播场景化营销奠定了良好的基础。信息技术的发展使电商直播越来越成熟,在这其中移动设备功不可没,在电商直播场景化营销中,移动设备是至关重要的基础条件之一。移动设备主要包括智能手机、平板电脑等,在电商直播中,移动设备的高度便捷性是一个重要的优势,如今手机和平板电脑在不断普及,我国的网民数量也越来越多,如今消费者可以直接使用移动设备参与电商直播过程,即时购买物品。移动设备轻巧便于携带,早已成为现代人不可缺少的重要生活用具。在使用领域方面,移动设备也完全不受限制,无论是室内还是户外,用户都可以随时使用移动设备,也可通过移动设备参与电商直播活动。移动设备的便携性使用户可以随时随地参与电商直播,给予用户更好的购物体验,对于直播主体而言,移动设备本身的便捷性也为其提供了更广阔的销售渠道,带来了更多的用户群体,其中还包括一些隐性的用户群,从而有效扩大了观众基础,还有助于提高品牌的曝光度,增加商品销量。

除了便携性特点外,移动设备还具备网络接入能力。当前,移动设备已经可以通过无线网络接入互联网,并通过移动设备参与直播活动。根据第53次《中国互联网络发展状况统计报告》,截至2023年12月,我国的移动通信基站总数达到1162万个,其中5G基站总数有337.7万个,占移动基站总数的29.1%,较2022年12月提高7.8个百分点。由此可见,我国大多数用户都可以在多数情况下轻松连接到互联网。与互联网的连接可以使用户通过移动设备随时随地观看直播内容,参与直播活动,了解最新的商品信息和商家的促销活动。相比其他工具而言,移动设备在网络接入方面具有更大的灵活性,除了Wi-Fi网络以外,移动设备还可以接入移动网络,这代表无论用户身处何地,只要所处之地有信号覆盖,用户就可以使用移动设备参与电商直播和购物,这种极高的灵活性可以使用户在大多数情况下都可以直接享受直播的便利。此外,无线网络的发展已十分稳定,因此移动设备在接入网络后,就具有极高的稳定性,可以实现高速的数据传输和稳定的网络连接。用户无论是观看高清视频,还是实时互动或了解商品信息,移动设备都可以为其提供更稳定、优质的服务质量,这使得用户可以在参与过程中获得更好的使用体验,从而提高直播购物的效率。接入网络后的移动设备还具备即时性的优势,用户只需要打开移动设备的直播软件或相关应用程序,就可以快速连接到互联网,没有过于烦琐的等待时间,这种即时接入方式可以使用户能够立即参与到电商直播活动中,帮助用户及时获得重要信息,商家也能够实时推送相关商品信息,从而吸引用户立即参与。

在电商直播场景化营销中,移动设备的视听功能为直播的顺利推进起到了积极促进作用,移动设备具有高清摄像头,在直播过程中能够捕捉到更高质量的图像,从而确保整个直播画面更加清晰、细腻。[①] 用户可以通过移动设备直接观察到产品的全貌,主播也可以更生动具体地展示相关产品,从而使用户更全面地了解商品的外观、特色信息。此外,移动设备还可以保证

---

① 殳利华.商业模式场景化创新与营销策略探讨[J].商展经济,2022(11):113-115.

优质、清晰的音频输出,这也是保障直播效果的重要因素之一。移动设备可以使音频的传输更清晰且逼真,观众即使不看画面,也能通过主播的介绍和讲解接收到商品的相关信息,进一步提高了直播内容的可理解性和吸引力。而不论是清晰的画面还是清晰的音频,移动设备都可以直接提升用户在直播过程中的体验,从而提高直播质感,更有利于增加用户的忠诚度和黏性。另外,有部分先进的移动设备是支持360度全景展示,主播可以通过移动设备展示直播商品的不同角度,使观众全面了解相关产品,感受到更真实的购物体验,这种方式也可以使观众对整个直播过程更具信任,也可以促进观众进行购物决策。此外,移动设备也可以提升直播购物的娱乐性,目前多数的直播应用程序都可以提供实时滤镜和特效,从而使直播内容更具有趣味性和娱乐性,主播也可以通过此种方式使直播更具吸引力,同时也可以拉近和用户之间的距离,有助于提高用户对于品牌的好感度,增加商品的销量。除了实时滤镜和特效外,移动设备还可以实现实时互动功能,正是由于移动设备的存在,电商直播才具有了双向性。用户在参与直播的过程中,可以与主播进行互动,甚至可以直接参与相关互动活动,主播与用户之间的紧密互动可以让观众更投入,让观众具有被尊重、被关注的感觉,这也可以增强品牌和用户之间的亲密关系。

移动设备具有多平台同步传输的优势,主播可以在不同平台上同步传播直播内容,从而拓展直播渠道,提高曝光量,还能够帮助品牌广泛覆盖不同的受众群体,增加隐性客户数量。在直播过程中,主播也可以利用移动设备的多媒体传输功能实时更新直播内容,可以根据用户的反馈和体验,及时更新产品信息或活动信息,从而保持直播内容的新鲜感,提高销售转化率,增加市场份额。另外,移动设备作为直播的重要载体,可以记录用户在直播过程中的行为,从而为品牌提供大量有价值的数据,品牌可以利用数据分析结果,更好地了解用户的喜好和行为习惯,从而实现个性化推荐功能和定制化营销策略。移动设备本身的便捷性和互动性可以使用户更容易形成在直播过程中的黏性,用户通过移动设备观看直播、参与互动,与现实的购物体验具有较大的差别,在观看直播的过程中,用户具有更高的自由度和主动性,因此更多的是作为主体地位参与到直播互动中,这有利于形成更深层次的参与感,从而增加用户对品牌的认知和忠诚度。在电商直播场景化营销中,移动设备作为重要的中介,不仅可以创造更加便利的购物场景,还可以推出互动和多元化的购物体验,移动设备在品牌和用户之间起到了重要的连接作用,更是因此将电商直播推向了更高的阶段。

## 二、社交媒体

社交媒体是人们沟通交流、发表言论的网络平台,为用户提供了广阔的线上社交空间,同时还是聚集了众多信息的一个媒介载体。如今社交媒体的主要形式包括微博、微信等,对于电商平台而言,社交媒体可以为其提供一个虚拟化但却具有关联性的场景,可以为电商营造互动场景,从而促进电商直播产品和服务的广泛传播。直播厂家可以通过在社交媒体平台推出相关活动或设置热点话题,引发大众进行关注、参与和分享,从而为电商直播进行宣传,使直播获得更好的效果。例如,在每年的"双11"活动开始之前,各大电商平台和主播都会提前在微博、微信、抖音、快手等不同的社交媒体上对直播进行预热,发布活动预告,目的正是吸引不同社交媒体平台用户的关注,从而为之后的直播提供更多关注度。除了在直播开始前利用社交媒体平台进行宣传外,直播商家也会在直播过程中利用社交媒体对直播内容进行推广宣传。例如,在直播间内,主播会不定时地进行抽奖活动,微博转发抽奖就是一种较为常见的活动形式,在这一过程内,直播间和微博两个不同的场景进行了有效联动。直播平台和社交媒体平台的关联也使直播厂家增加了潜在客户群体,用户在社交媒体平台上参与和直播相关的任何活动,实际上都是将社交媒体本身所具有的社交性与直播进行了连接,弥补了直播平台本身社交属性不足的劣势,从而使直播辐射到更多的用户范围,为品牌进行更大规模的宣传,提升品牌的知名度和传播度。

如今,社交媒体已经成为信息传播、沟通交流的重要渠道,对人们的各个方面都具有重要影响,其中包括电商直播的场景化营销。如今,电商直播已经成为非常重要的一种购物方式,人们越来越依赖于直播购物,其中以年轻人为主,而社交平台又多是年轻用户的聚集地,因此两者之间的连接也越来越明显。社交平台为电商直播提供了一个更大的、更加精准化的传播平台,如果没有社交媒体的参与,电商直播固然便利,但却并没有足够广阔的传播路径,而社交媒体则可以为电商直播提供更多的传播方式。直播厂家可以利用社交媒体平台与更多的用户进行深度互动,与现实关系不同,社交媒体平台可以为用户提供一个虚拟的社交空间,正是基于这一点,用户在社交平台上的社交关系网络才会更加广泛,而这一点正是电商直播所需要的。除了广泛社交关系网络外,社交媒体平台用户还具备精准的兴趣标签,这都为电商直播的场景化营销提供了极大的便利。在社交媒体平台推广电商直播产品,能够在直播平台外与消费者进行相处,从而弱化双方之间的买卖关系,凸显双方之间的社交关系,从而缩短直播平台与消费者之间的距离,使消费者能够对直播厂家更感兴趣。① 社交媒体平台所拥有的用户数量是直播平台远远不能相比的,社交关系也远远比买卖关系更加稳固,如果没有建立社交关系,消费者并没有理由购买固定品牌的产品,但一旦双方之间建立除买卖关系之外的社交关系,消费者的黏性会大幅提升,对品牌的忠诚度也会进一步提高。另一方面,社交媒体平台具有庞大的用户基数,可以为电商直播提供更多的曝光机会。厂家也可以利用社交媒体平台进行直播,从而吸引大量用户的关注,同时还可以借助社交媒体平台的分享和转发机制使直播在短时间内得到迅速传播,不仅可以迅速提高品牌知名度,也可以吸引更多用户的关注,增加潜在消费者数量。

社交媒体不仅可以为电商直播提供更多的传播路径,还可以为其提供更精准的推广方式。社交媒体要想拥有更多的用户量,就需要了解用户需求,因此,社交媒体平台本身就具有对用户的兴趣标签和行为特征进行分析的先进技术手段,而这能够为电商直播提供更加灵活、智能的推广方式。社交媒体平台所拥有的庞大的用户数据库可以为电商直播的精准推广奠定基础,平台可以分析用户在社交媒体上所发布的信息和行为数据,从而分析不同用户群体的差异,形成精准的用户画像。电商直播可以借助媒体平台和这些数据,精准锁定产品的潜在受众,从而将直播推送给具有潜在购买兴趣的用户群体。此外,直播厂家并非必须在社交媒体平台上进行直播活动,也

---

① 袁微,杨星,张子良,等.社交媒体背景下新兴品牌的发展现状困境与对策研究[J].现代商贸工业,2024,45(6):83-85.

可以利用社交媒体平台进行广告投放,从而吸引更多的用户进行关注,也可以帮助品牌和厂家更具针对性地进行推广。品牌可以根据目标受众的特征选择多样化的广告投放形式,包括定向投放、精准投放等,提高推广效果,合理利用资源。此外,社交媒体还可以对用户的行为数据进行追踪和分析,可以及时对推广策略和产品内容进行调整和优化,品牌可以根据用户的实时反馈灵活调整直播内容、商品推荐信息等,以便更好地满足用户的需求,提升用户的满意度。另外,社交媒体平台可以使直播厂家与用户之间的互动更便捷。电商直播可以通过社交媒体平台实现互动化体验,用户可以与主播连麦进行即时互动,获得即时的信息反馈。同时,主播与用户之间的互动可以由买卖关系转化为社交性体验,打破空间的限制,从而增加直播间的客户黏性和忠诚度。

目前我国的社交媒体主要包括微信、微博、抖音、快手等平台,这些平台都具有社交传播属性,能够通过转发和分享的方式使电商直播渠道进一步扩散,吸引更多用户。抖音、快手已经是具有社交属性的直播平台,淘宝、拼多多则是直接将用户和直播厂家连接起来的购物平台。以抖音短视频平台为例,抖音如今既为用户提供社交场景,也为用户提供购物场景,以大数据技术为基础对用户的评论、点赞、浏览等多种行为数据进行算法匹配,从而为其构建良好的社会交往关系。抖音平台的娱乐功能依然是首要内容,社交功能则是基于娱乐功能发展起来的,生活服务则是基于前两者而发展起来的,但如今依然在不断深化。而抖音短视频受众的媒介行为与大数据具有紧密联系,社交平台为用户建立了虚拟空间,再利用多重技术的加持使社交媒体逐渐具有个性化的特点,使用户突破物理空间的距离限制,使整个社交媒体以个人用户需求为主体,组成一个个碎片化的具体场景。用户在不同场景中的流动使社交媒体平台对用户的行为和需求具有更进一步的了解,从而为其他场景的建构提供相应基础。

## 三、大数据

进入互联网时代后,人作为用户,在互联网上的一切痕迹都在被不断地数据化,用户的实时状态、行为模式等一系列活动,在互联网中都被转化为一组组的数据,单个用户所产生的数据量就已足够多,而整个信息环境中的所有数据量更是十分庞大,而这就是所谓大数据。单从字面上分析,大数据是大规模的数据集,但它又不仅仅是一个简单的数量概念。维克多·迈尔·舍恩伯格在《大数据时代》一书中明确指出:大数据时代最大的转变就是放弃对因果关系的渴求,而取而代之关注相关关系。也就是只需知道"是什么",而不需要知道"为什么",它颠覆了人类以前的惯性思维。大数据的特点表现在四个方面:Volume(规模性),Variety(多样性),Velocity(高速性),Value(价值性)。大数据的核心就是它的预测性。

传统的数据库是先有模式,然后才有数据,而且数据的形式是一种结构性的,其特征是由元数据和对象数据构成,用结构化查询语言(Structured Query Language,SQL)进行查询,有固定的结构和格式,便于整理,技术运用已经非常成熟。通过二维表结构来逻辑表达数据,多产生于服务器或者个人电脑,设备相对固定,比如图书馆的数字资源、超星数字图书馆、维普数据库。而大数据是很多难以确定、数量繁多、复杂的数据,是以移动终端如手机、平板电脑、GPS 等设备为代表的结构性、半结构性、异构性的数据,是在数据出现之后,再去找寻解决问题的模式,同时这种模式又是在不断演进的动态之中。数据库里的数据通常以 MB 为基本单位,而大数据则常常以 GB,甚至是 TB,PB(1GB = 1024MB,1PB = 1000TB)为基本单位,其数据规模远远大于传统数据库,就好像一个池塘与大海的关系。在处理对象上,传统数据库是以数据为对象,而大数据是将数据作为一种资源来辅助解决诸多领域的问题,也就是人们常说的数据思维。数据不再是处理对象,而是将数据作为一种资源来协同解决诸多领域的问题,通过收集、整理和分析数据足迹,以便对社会各行各业的活动和决策进行解释、监控、预测和规划。单个的数据可能发现不了事物的真实状况,但很多个数据集串联起来就能够发现问题,从而解决问题,比如证监会利用大数据发现股市老鼠仓的事件,比如企业利用大数据分析实现对采购和合理库存量的管理,了解客户的需求、掌握市场动向,避免因为盲目进货而导致的库存带来的损失。气象部门通过多年的气象资料和当时当地大气物理状况指导农业生产和人们的出行。国家安全部门通过人们一些行为来分析判断危害公共安全的隐患。

在大数据时代,数据生成、存储、分析、检索、分享、消费共同构成了大数据的生态系统,任何公司和个人都不可能解决大数据运用的全部问题,因此数据的采集、分析、存储、利用必然出现分工和协作。[①]

第一,大数据时代的分工协作。数据形成的每个过程都有不同的部门和机构来完成。数据的采集是由无数的个人、传感器和摄像头主动或被动形成,这些数据又通过云计算平台进行存储计算。数据中心通过 PaaS(平台即服务)模式为数据服务商提供数据接口,而数据服务商组织专业的技术人员开发各种软件,提供解决数据分析的服务模式,并通过云计算 SaaS(软件即服务)模式为用户提供服务,企业和个人可以根据自己的需要定制各种服务,获得自己所需要的答案,而不必去问询产生这种服务的各个过程。整个大数据的处理流程可以定义为在合适工具的辅导下,对广泛异构的数据源进行抽取和集成,结果按照一定的标准统一存储。利用合适的数据分析技术对存储的数据进行分析,从中提取有益的知识并利用恰当的方式如可视化技术将结果展现给终端用户。

第二,数据交换和共享成为主流。数据的价值在于利用,而这种利用又不是孤立的,而是相互联系形成一个庞大的网络系统。孤立的数据价值必然是 1+1<2,而联通的数据价值一定是 1+1>2,数据的交换和共享成为必然趋势,任何个人和组织都不能将数据据为己有,而开放的数据意味着个人隐私的暴露,但这种损失显然小于开放带来的价值,因此许多国家纷纷制定了数据开放服务的规则和规定。美国规定政府必须向民众开放数据,并通过Data.gov 网站向民众提供数据服务;英国除了规定向民众开放数据外,还鼓励"私人数据商业化",将数据像商品和资源一样出售。

第三,专业化的数据服务公司不断涌现。大数据的产生和发展是建立在互联网和物联网快速发展基础上的,大数据催生出大量的创新产业,相关机构不断涌现。以提供软硬件服务的系统开发商,如英特尔、IBM 公司;以硬件+数据+软件提供整体服务供应商,如 IBM、微软、惠普等大企业;还有的数据服务企业以直接和间接的数据提供给企业或个人来获取一定的商业价

---

① 陈浩伟.基于大数据的场景化营销体系[J].长江信息通信,2021,34(8):211-213,218.

值,如国外的 Facebook、Twitter 等。目前,大数据的搜索服务、数据库、服务器、数据存储、数据挖掘等核心技术都被国外的 IT 巨头所垄断,我国的大数据布局远远落后于国外的大公司,目前主要以互联网应用服务为主,如阿里云、腾讯、百度等云计算平台。

并非所有人或所有机构都可以收集这些数据并对数据进行分析,必须是足够专业、足够有能力的机构才能够承担得起巨大数据所带来的工作量,搜集用户数据的下一步就是针对用户数据进行分析,并根据结果对用户进行画像,从而在用户的种种痕迹中揭示出其行为、习惯、兴趣爱好等内容。而在电商直播场景化营销中,可以通过对用户在电商平台的数据进行分析,了解用户的潜在行为规律,这些数据包括用户的浏览记录、点赞记录、购物记录等众多内容,将种种数据进行分析可以在一定程度上判断用户在接下来一段时间内的需求或相关趋势,以此为基础,对不同用户进行精准内容推送。不同用户所处地理位置不同,所属种族特征不同,在使用电商平台时的习惯模式不同,这些内容都可以转化为数据并利用相关技术进行分析,从而使平台可以构建出更适合用户的场景,提高用户的满意度。大数据的利用可以帮助电商直播精确场景化内容,从而为不同用户提供不同的场景内容,推送不同的产品,最大限度地将用户转化为消费者,提高直播的效果,增加直播产品的销量。

大数据为电商直播的精准营销提供了重要支撑,电商直播的最终目的是将产品销售给客户,将商品进行展示只是销售的一个方式,更重要的依然是要针对用户进行个性化定制。因此,为了进一步提升用户的购买欲望,提高产品的销量,直播平台和品牌必须了解消费者的喜好、行为模式等各种信息,如此才能够尽可能做到精准营销,而想要做到这一点,大数据对于电商平台而言十分重要。以淘宝的“双 11”活动为例,在如此重要的直播活动面前,淘宝平台更是会精心挑选部分店铺,通过分析相关数据,进行市场调研等方式了解用户的需求,从而对用户进行精准营销。想要提升直播效果,避免资源浪费,在挑选用户时则不能过于特殊,更多是以普通用户作为主要导向。为了吸引不同的消费群体,淘宝也设置了更加多样化的营销方式,目的是更好地实现直播带货的效果。另外,大数据可以通过对用户的行为数据进行分析,从而构建精准的用户画像,实现个性化广告投放、精准商品推荐等目的。对用户进行分析,正是为了根据用户的偏好、浏览记录等各种信息为其智能推荐可能感兴趣的产品,从而提高用户的购物体验,增加用户对直播内容的关注度。但与此同时,电商直播的精准营销不可避免地会出现信息茧房,而使用户群体保持固定偏好并非提升直播效果的长久之计。但大数据本身的优势又可以得到用户的实时反馈分析,通过实时追踪用户在电商直播或直播平台上的种种行为,包括评论、点赞、分享等实时反馈,对相关数据进行分析后,品牌和厂家可以快速了解用户对直播内容的反映。当用户出现厌倦、烦躁等心理时,品牌可以根据用户的行为数据及时调整和优化直播策略,避免由于信息茧房导致用户出现排斥心理,这种实时反馈分析则大大提高了直播的灵活性和针对性。

在吸引到用户之后,品牌和厂家还需要保证用户不会迅速流失,因此要想使用户长时间保持对品牌的认可,品牌也可以通过大数据对用户的互动历史、购物行为等数据进行分析,从而预测用户的流失风险,利用预测信息对不同程度流失风险的用户采取针对性的留存策略。[①] 以上是大多数直播间的共识,为了避免用户的流失,品牌会在分析用户数据之后,根据用户需求提供包括个性化优惠券、专属活动、会员活动等策略,从而提高用户的留存率,避免用户的大量流失。除了对用户数据进行分析外,品牌还需要对市场数据进行深入挖掘和深度分析,大数据可以为品牌提供相关产品的销售趋势和市场需求的分析,从而使品牌掌握更多的市场数据,通过对相关数据进行分析,更准确地把握市场的动态,从而及时调整产品策略,以便在市场中获得先机。除了对用户行为数据进行分析,为其提供个性化场景外,品牌还可以利用大数据分析用户在不同场景下的参与度,了解用户在不同场景中的行为数据,从而更好地优化场景设计,使直播更加符合用户期望,而对用户在不同场景的行为数据进行分析也可以有效避免信息茧房的出现,使用户对直播内容保持新鲜感,从而持续提升用户对品牌的忠诚度。在电商直播营销过程中,产品的展示固然重要,但品牌与消费者之间的互动体验更

---

① 张琴.电商直播在中小型品牌中的推动作用与风险分析[J].数字通信世界,2021(7):159-160.

加重要,要想提升消费者的互动体验,就需要打造更生动有趣的传播场景,而这必然需要大数据的支撑,如此才能设计出更符合大多数用户需求的场景,从而进行广泛传播。合适的场景可以更好地呈现出产品特征,从而加深用户对直播产品的印象,进一步提高用户对品牌的信任感和忠诚度,尽可能地将潜在用户转化为消费者。

电商直播所涉及的社交媒体平台和电商平台都需要通过大数据来实现个性化、精准化的推送,从而满足用户的个性化需求,通过收集用户的行为习惯,平台能够根据绘制的用户画像推荐相关信息。同时,在直播过程中,主播也可以根据大数据收集直播的相关信息,包括不同时段的观看人群反馈等,以便及时采取相应的措施,保障直播顺利进行的同时,确保产品销量能够达到理想效果。不同直播间的产品不同,受众也会不同,若直播间的特征较为明显,则需要打造更合适的场景,如此才能向受众人群进行精准推送。例如,销售美妆产品的直播间打造的场景应该是年轻时尚靓丽的风格,用户群体则是以年轻女性为主,展出商品则以美妆、时尚、潮流等为主,如此既可以满足用户需求,也能够吸引更多的受众用户。再比如,在农产品直播间,品牌和主播可以适当突出直播间的乡村特征,在打造场景时要以朴实简约为主,之后再根据数据分析结果和直播情况适时调整直播策略。大数据并非只为品牌服务,同时也是为用户个体所服务的,品牌与用户之间本身就是双向互动的,并非其中一方一味向另一方强制输出信息的过程,品牌可以利用大数据向受众群体精准推送直播内容,用户也可以根据个人需求选择自己感兴趣的直播内容,从而满足双方的需求。

## 四、传感器

在电商直播场景化营销中,传感器也是重要的技术基础,传感器可以用于测量数据,当数据发生变化时可以及时进行报告。传感器本身可以安装在任何物体上,因此也可以通过被安装的物体介质进行数据分享。智能手机的推广和普及使传感器的运用更加普遍,虽然大多数人并不了解,但事实上每个人在使用智能手机时都在时刻密切接触着传感器这一技术。在电商直播中,传感器所起到的作用也十分重要,传感器的存在可以提升用户在观看直播时的参与感,传感器可以为陀螺仪功能和触屏功能等提供技术基础,在参与直播活动过程中,用户需要通过智能手机的触屏功能来与主播进行交流互动,也要通过此功能完成产品购买等行为,因此传感器是保证用户在直播过程中提高参与感、实用感、成功完成交流的重要基础前提。此外,在电商直播过程中,大多数直播间为了吸引流量都会有抢红包活动,而这就需要有传感器陀螺仪的存在才能实现,由此可知传感器对直播的重要性。此外,传感器还能够对周围环境进行感知和识别,从而获得直播间的场景等数据,帮助主播及时调整直播策略,提高用户的购物体验。除此之外,传感器能够对直播场景的环境信息进行实时监测,包括直播场景的温度、湿度、光照等,通过对这些实时数据进行分析,品牌可以根据实际环境情况及时调整直播内容和直播产品,从而为用户提供更贴近实际需求的场景化体验。

传感器还可以感知用户的行为,例如用户的动作姿态、行动速度等信息,通过对用户行为进行感知和分析,品牌可以更精准地了解用户的兴趣和反应,从而合理调整直播内容,提高用户的互动体验。① 另外,传感器技术还可以实现商品的互动化展示,例如,当用户与屏幕的距离发生变化时,传感器可以感知到并且自动放大或缩小商品展示,以便为用户提供更详细的信息,这种展示方式也进一步增加了用户和商品之间的互动性,从而提高了购物的趣味性。传感器还可以创建虚拟试衣间或提供虚拟产品体验,用户在屏幕上选择自己想要的商品后,传感器可以感知到用户的身体尺寸和姿态,从而在屏幕上实现虚拟试衣的效果。这种个性化的虚拟体验可以提高用户的参与度,还能够使用户更好地了解产品效果,提高购物决策的准确性,减少决策错误,避免浪费时间。传感器技术还可以实现用户的定位服务,帮助品牌了解用户在直播场景中所处位置,并根据定位信息为用户提供个性化的场景推荐,例如,可以根据用户周边气候和温度的变化为其推荐合适的服装或产品。传感器技术还可以实现智能声音交互,在电商直播过程中,可以通过语音识别技术与用户进行实时互动,增加直播的趣味性,体现

---

① 王宝义.直播电商的本质、逻辑与趋势展望[J].中国流通经济,2021,35(4):48-57.

智能化特点。用户无须再手动进行操作,只要通过语音指令就能够获取商品信息、提出相应问题,这大大提高了用户的便捷体验和参与感。

对于直播间来说,传感器技术也可以起到重要的作用,一方面,传感器可以对直播间的真实情境进行感知,品牌和主播可以及时接收到实时信息,从而根据信息的反馈对直播间场景进行调整,根据用户需求、产品特征、直播风格等多种信息对直播间的灯光、温度、湿度等条件进行调整,以便使整个直播间场景更加温暖舒适,提升用户的观看体验;另一方面,传感器还可以对产品进行质量监控,传感器可以对直播间的光线、温度等环境因素进行实时监测,也可以对产品的质量、品质等进行监测,并根据环境因素对商品进行智能监控和养护,若产品出现异常,传感器也能够及时对主播发出提醒,从而减少直播风险,保证产品质量。传感器作为测量数据的一种媒介,可以将人和物连接在一起,因此,传感器本身并不受时间和空间的限制,相反,传感器可以打破用户本身的感官局限,将所测量到的数据经过加工后发送给用户,以此来提升用户的体验。

传感器在电商直播场景化营销中的运用说明在未来直播市场中,智能化的营销方式将会成为主流,除了数据采集和应用外,传感器技术还可以在未来的电商直播中发挥更大的作用,从而对直播质量的提升和产品效率的提高产生积极的促进作用。

## 五、定位系统

在如今的互联网时代,定位系统已几乎全方位普及,任何网络平台或任何应用程序都需要有权限访问地理信息,而在电商直播场景化营销中,定位系统的作用也不可忽视。首先,定位系统可以帮助用户快速找到附近地域的直播间,当用户允许应用程序或直播平台访问地理信息时,平台和品牌就可以获得用户的地理位置,从而为用户推荐更合适的直播间,使购物过程更流畅、便捷。通过感知用户的地理位置信息,定位系统可以帮助平台和品牌向用户提供更精准的个性化推荐,根据用户所在地的实际情况,直播平台也可以推荐更符合当地地域特色和需求的产品,从而增加用户的满意度,提高交易完成率。以南北方为例,南北方在温度方面存在较为明显的差异,因此当定位系统感知到用户的地理位置时,就可以根据用户所在地区推荐合适的产品,例如当季节处于秋季时,若用户位于北方地区,电商平台向用户推荐的产品可能是较厚的毛衣、羊毛衫等衣物;但当用户位于南方地区,所获得的推荐产品可能是较为轻薄的外套、衬衫等衣物。此外,定位系统还可以帮助品牌实现精准的广告投放,通过了解用户所在地区的商业环境和文化特征,品牌能够制定出更有针对性的广告策略,从而提高广告的点击率和转化率。以中秋节为例,月饼是中秋节的代表性食物,但南北地区的文化差异使得同种食物在口味、外表、制作工艺等方面存在明显不同,因此若用户的地理位置处于南方,所推荐的月饼则大概率是莲蓉、咸蛋黄、冰皮等新型月饼,若用户地理位置处于北方,所推荐的产品大概率是五仁、豆沙等传统口味的圆形月饼。

用户所在地的实际情况不同,定位系统可以为品牌提供不同的场景化活动策划依据,例如,可以在不同地区进行地域性的促销活动,使活动更符合当地用户的地域文化和购物需求,从而提高用户的参与意愿度。例如,当夏季即将到来时,定位系统感知到用户的地理位置信息后,可以根据不同地区策划不同的场景化活动,不同区域气候不同,购物需求自然有所差异,因此,面对南方地区的用户,品牌可以推荐更清凉的夏季服装、饮品、防晒产品等,在直播过程中也可以邀请时尚博主进行产品演示,也可以结合当地特色举办短时促销活动,从而激发用户购买欲望。北方地区相对南方地区而言,夏季高温时间较短,因此品牌可以侧重推荐休闲装备。此外,通过定位系统提供的实时信息,品牌还可以推送本地独家优惠券、限时秒杀等优惠服务,使用户可以在直播过程中享受到更个性化、更具时效性的购物体验。个性化的场景化活动策划可以提高用户对直播内容的关注度,还可以满足不同地区用户的需求,使直播活动更具针对性,提升用户对品牌的信任感。

此外,定位系统还可以帮助电商直播平台实现时效性信息推送。平台可以根据用户所在地的时区和当地的实时情况,合理安排直播时间,确保用户能够在最佳时段收到相关的营销信息。例如,通过定位系统获取用户的位置信息后,品牌可以了解用户所在地的时区,从而合理安排直播时间,例如,我国时差最大的两个城市分别位于黑龙江和新疆,时差大约两个小时,这意味着两个地区的作息规律必然存在差异,因此品牌要根据用户所在地合理安排直播时间,避免在用户所在地区深夜或凌晨时段进行直播,以免影响用户的观看体验。另外,品牌也可以根据用户所在地区的时差和工作日常活动规律选择在晚间或周末时间段展开电商直播活动,如此会有更多的用户有时间和机会观看直播,从而提高参与度。另外,通过定位系统的位置信息,品牌还可以了解不同地区用户的偏好和需求,从而优化直播内容,通过分析用户所在地的购物习惯和消费行为,品牌可以根据用户群体的共同偏好选择在特定时间段进行主题直播活动,吸引更多特定群体参加,提升购买率。此外,定位系统还有助于品牌更好地融入地域文化,通过了解用户所在地区的文化特色,品牌可以适当调整直播内容,使其更符合当地用户的口味和习惯,提高内容的地域性吸引力。例如,同样是春节,但南北方的习俗有所差异,北方春节吃的食物多以水饺为主,南方则多以汤圆为主。因此虽然是同样的节日,但品牌可以根据用户的位置信息推荐具有针对性的、更符合当地特色的产品,以此提升用户的购买欲望。

## 六、商品规划

在电商直播场景化营销中,商品规划发挥着关键作用,其中包括从商品选品到推广策略的方方面面,巧妙的商品规划能够为品牌创造更具吸引力的场景,提升用户体验,增加销售机会。[①] 商品规划不能盲目随意,首先需要明确目标受众,只有了解用户群体的兴趣、需求和购买习惯,深入分析受众群体特征,才能有针对性地选择商品,确保在直播中呈现的内容更符合目标受众的期望,提高购买的可能性。例如,同样是护肤品,如果用户群体多以女性为主,则可能更关注产品的成分、价格、设计、品牌等;如果用户群体多以男性为主,则可能更关注性价比,因此所选择的产品就是完全不同的。再比如,同样是电脑用品,如果用户群体以女性为主,则可能更关注产品的颜色、外观等,如果以男性为主,则可能更关注手感、设计、配置等。品牌应学会根据不同的用户群体选择合适的商品,如此才能提高用户的购买欲望。

---

①　石珍,祝锡永.电子商务直播现状及营销发展研究[J].经营与管理,2021(5):48-52.

另外,商品规划要考虑如何在直播中创造出合适的场景化购物体验,通过精心选取商品,可以打造出贴近用户实际生活场景的直播内容。例如,如果是在冬季直播品牌,可以选择羽绒服、暖宝宝等作为商品以满足用户需求,另外也可以在直播间中加入小围炉等道具,也可以加上雪花特效,使用户感受到冬季的场景化体验,从而增加购物的情感共鸣。

此外,商品规划需要关注潮流,及时调整商品选品。品牌可以通过捕捉时下热门趋势,提前推出符合季节或特殊场合需求的商品,吸引更多用户参与直播,提升用户的关注度和购物热度。例如,若品牌要举办夏季服装直播活动,展示最新时尚潮流服装,可以关注时尚杂志博主、设计师的媒体账号,通过时尚展览和活动及时了解夏季服装潮流和流行元素,另外,品牌可以与夏季市场品牌进行合作,推出最新夏季时尚设计和产品,获得独家款式和限量发售产品,吸引时尚敏锐用户,引领市场潮流。在直播过程中,品牌也需要与用户进行实时互动,了解用户的反馈意见,从而进一步优化产品和直播内容。在商品规划中,搭配推荐和交叉销售是关键策略,通过推荐相关搭配商品,品牌可以引导用户完成更全面的购物体验。例如,品牌可以在化妆品直播中搭配推荐眼妆、护肤品等相关产品,可以邀请模特和化妆师为用户讲解化妆的具体步骤以及每一步骤所需的化妆品和用具,用户在购买商品的同时还可以学到化妆知识,既满足了用户的购物需求和消费需求,也满足了用户的知识需求。另外,直播间也可以在直播中进行搭配推荐,可以将相关的服装、鞋子、配饰等进行搭配,并向用户进行展示,为用户提供整体的搭配方案,如此能够激发用户的购买欲望,提高多个商品的销售量。搭配推荐和交叉销售的方式可以提高销售额,为用户提供更好的购物体验,增加用户的忠诚度,再通过收集用户相关数据,并通过智能推荐算法分析,精准满足用户的相关需求,进而提高购买转化率。

商品规划可以结合限时促销活动刺激用户的购买欲望,通过合理设置促销策略,例如限时秒杀、满减优惠等,可以在直播中创造紧迫感,促使用户尽快下单。例如,品牌可以选择季节性商品或库存较多的商品作为促销商品,为了刺激用户购买欲望,品牌可以设定限时促销的具体时间,以小时或天数为单位时间,设定要合理,既能够使用户有足够的时间浏览产品信息,完成购买行为,同时又要创造出一定的紧迫感,促使用户迅速行动。另外,品牌也要提供具有吸引力的优惠力度,包括折扣、满减、买 1 赠 1 或买 2 赠 1 等。只有足够优惠才能够吸引更多的用户参与购买,为了使限时促销顺利完成,品牌可以增加宣传渠道,包括社交媒体、短信推送、电子邮件等,对促销活动进行广泛宣传,提升用户的兴奋感和参与热情。商品规划要充分重视用户评价,通过选取用户好评较高的商品,建立与用户间的信任感。在直播中展示商品的用户评价和使用效果可以增加用户对商品的信任度,提高购买的信心。例如,品牌若以美妆产品为主进行直播活动,可以先详细介绍直播产品的特点、功效、使用方法等内容,展示出产品的优势和特点,使用户更全面地了解直播产品,提高用户的购买决策能力。另外,主播也可以出具产品的质检报告或邀请模特、美妆博主等专业从业者对产品进行试用,并向用户分享自己的试用心得、使用技巧和评价等,从而为用户提供更多的参考,专业报告和评价也可以使用户对产品质量和效果更有信心。另外,品牌也可以在直播中展示用户对直播产品的真实评价和使用体验,通过展示用户评价,可以让其他用户了解产品的真实使用情况,增加用户对品牌的信任度。① 品牌也可以为用户提供多样化的评价渠道和完善的奖励机制,鼓励用户主动分享使用心得,提高用户的满意度。

商品规划可以与品牌故事相结合,如此,商品在直播过程中所展现给用户的就不仅仅是产品,更是品牌文化的代表。通过向用户讲述产品背后的故事,可以更好地建立情感共鸣,加深用户对品牌的认知和认可。以高端矿泉水依云品牌为例,作为价格高昂的矿泉水品牌,依云一直都很受欢迎,其中就有品牌故事的影响,依云如今早已不是普通的高价矿泉水,而已经成为一种象征高端与尊贵的独特符号,这个品牌所销售的并不仅仅是产品,而是产品所带来的感觉和隐藏的消费者文化。依云的品牌故事在不断演绎,因此持续有消费者在买单,而这也正说明了品牌故事和文化对商品规划的重要作用。另外,商品规划要借助实时数据反馈,根据用户的互动、点击和购买行为等,及时调整直播中的商品展示顺序和推荐策略,有助于优化用户体

---

① 任珊珊.网络电商直播的场景适配及价值理性[J].新媒体研究,2021,7(3):67-69.

验,提高商品的转化率。

总而言之,商品规划在电商直播场景化营销中是策略制定的基础,通过精心挑选、巧妙组合商品,结合各类促销和互动手段,创造出富有情感、引人入胜的场景,提高用户的购物体验和品牌的销售效果。

# 第二节　电商直播场景化营销的呈现要素

## 一、营销主体

### (一)网红直播

网红直播带货是近年来在电商领域崛起的一种全新模式,由于网红本身的优势,这种直播方式具有独特的特点和优势。网红群体指的是在互联网上拥有一定粉丝数量的人群,网红最初的出现并非直播带货,而是通过直播或拍摄视频的形式出现在大众眼中,之后随着互联网的不断发展,网红群体也得到了扩张。[①] 之后他们开始尝试将自身的影响力和粉丝量变现,而这也导致了网红直播带货的出现。在所有直播群体中,网红是最早出现的一批主播,此后随着互联网的发展,淘宝、抖音等电商平台和社交媒体平台都相继开通了直播带货功能,平台的支撑使得大量网红走上了直播带货道路,之后,随着大众接受度的提高,更是出现了一部分非常具有号召力的网红主播。网红直播带货为社会经济注入了新的活力,这种直播模式也使得用户可以不受时间和空间的限制,在线上与销售者进行面对面的交流,因此受到了强烈欢迎。网红直播带货具有巨大的优势,首先,网红群体本身就拥有大量的粉丝,且丰富的视频制作经验和出镜经验使网红群体具有一定的镜头掌控能力,长时间关注的用户对网红具有较高的忠诚度。网红群体在

---

① 沈丹阳.场景视域下头部网红直播带货现象研究[D].哈尔滨:黑龙江大学,2021.

直播中也善于与观众进行实时互动,从而建立紧密的社交关系,增加购物的信任感。网红群体擅长制作多种多样有趣且吸引眼球的内容,在直播带货过程中也能够在展示商品的同时巧妙融入多种娱乐元素,从而提升观众体验,避免直播过程乏味枯燥。

另外,网红群体本身具有一定的粉丝基础,也具有一定影响力,因此可以吸引更多品牌与之合作,通过直播带货,网红可以借助粉丝基础和影响力有效推广品牌,提高产品的知名度。相比起普通人而言,网红群体具有忠实的粉丝基础,这类粉丝对其具有高度的信任,因此会自愿跟随网红的建议进行购物,这也会提高带货的成功率和产品的销量。此外,网红群体本身具有一定知名度,直播带货需要真人出镜,因此可以激发用户的兴趣,用户更愿意通过互动评论积极参与到直播中。网红群体以互联网为发展基础,因此传播速度较快,优质的直播内容可以在短时间内得到迅速传播,吸引到更多人的关注。通过与网红群体展开合作,品牌能够借助网红的影响力快速提升品牌形象,加深用户对品牌的认知度。[①] 但除了优势外,网红群体在电商直播方面也存在一定不足,部分网红在直播过程中存在夸大宣传、商品信息不实等情况,这会导致用户对直播购物的信任度降低,因此存在一定风险。部分网红在直播过程中对于所销售的产品情况并不了解,也没有对产品的质量进行监管和把关,因此很容易存在产品与宣传不符的情况,损害消费者的合法权益。部分网红直播时存在商品价格虚高的情况,用户出于信任等原因可能会冲动购物,之后可能会因价格波动而受到影响,从而影响用户的购物体验。网红直播具有一定优势,但同时也存在一定不足,这是由于其自身的局限性所致,依然需要有完善规定进行监督才能确保用户权益不会受损。

### (二)明星直播

明星直播带货是近年来电商领域崛起的一种直播带货方式,它融合了明星效应和直播互动,在直播带货方面具有明显的优势。对于明星群体而

---

① 卢静宜.刍议新媒体营销视域下的网红直播电商模式[J].商场现代化,2023(6):52—54.

言,互联网的发展有助于提高自身热度,同时也存在身份价值变现的目的,因此部分明星成为直播带货的主播群体。随着抖音、快手、小红书等社交媒体平台的陆续出现,明星们开始在微博以外的社交媒体上注册账号并尝试直播带货。明星通常拥有巨大的粉丝基础,相比网红更甚,通过直播带货能够直接触达数百万,甚至数千万的用户,从而大大提高品牌曝光度。与网红群体不同,明星具备较强的社会影响力,这一群体的推荐和使用能够对商品产生巨大的影响,可以提高用户对商品的信任度。拥有上百万甚至上千万粉丝的明星参与到直播中能够极大地提高品牌的知名度,使品牌迅速在市场中站稳脚跟,吸引更多用户的关注。明星的受众群体不只是粉丝,更多的是了解、观看过相关作品的路人,因此明星能够影响的人数要比想象中更多。明星直播带货实质上是电商品牌想要利用明星庞大的粉丝基础来提高产品销量;同时明星走下荧幕,走出作品,与观众进行面对面的直接交流,可以直接打破明星日常的神秘感,从而使用户感受到明星所带来的反差感和真实感,利用明星效应和用户群体的好奇心理来提升产品销量。

在明星参与直播带货的过程中,明星本身的高影响力赋予了产品更高的社会价值,因此普通的产品具备了独特的明星效应,从而更容易引发用户的购买欲望,提升产品销量。由于邀请明星的成本较高,因此为了进一步提升销量,明星直播带货时通常会伴随着大力度的优惠活动。例如限时促销等,这种紧迫感可以刺激用户在短时间内做出购买决策,从而提高销售效果。在明星直播带货过程中,用户可以直接与明星进行互动,展开提问,从而获得实时的产品反馈,与明星直接进行交流也可以使用户增加购物的参与感和快感。明星在进行直播带货时能够通过多样化的内容形式展示商品,从而使商品看起来更具创意和吸引力。另外,由于明星本身具有较为良好的形象,因此在进行直播带货时会更具说服力,更容易激发用户的购买欲望,提高用户留存率。但明星在直播带货方面也存在一些不足,相比起网红群体而言,明星的影响力更大,粉丝基础更多,相应地,直播带货的邀请费用也会更加高昂,因此对于不知名的品牌而言会是较大的压力,若明星本人的带货水平一般,品牌还可能会面临高昂成本无法回收的情况,这会直接导致亏损。部分明星并不了解直播带货的具体流程和所销售产品的具体内容,更多是由于商业合作所进行的非主动宣传,对于产品的质量和内容可能并不完全了解,这容易导致用户购买到的物品与宣传情况不符,导致明星自身影响力和公信力下降。

总之,明星直播带货凭借其社会影响力和直播的互动性在电商领域取得了显著成就,然而,品牌在选择此种模式时依然需要慎重考虑成本、市场竞争和风险等因素,确保明星直播带货的优势更加突出。

### (三)主流媒体直播

直播带货使电商发展步入新阶段的同时也为传统主流媒体的转型提供了一种可能性,互联网的迅速发展给传统媒体带来了动力也带来了压力,传统媒体需要加快转型脚步,因此直播带货就成为一种新的尝试性的转型方式。传统主流媒体和互联网平台通过电商直播的方式开展了新型的合作关系,主要目的是打破传统主流媒体和民众之间的距离感,同时利用直播带货这一形式来实现主流媒体影响力的重塑。传统媒体加入直播带货行列,其本身所具备的优势可以使双方达到双赢的地步,传统主流媒体具有强大的制作团队和资源,能够使整个直播内容质量更高、更专业。最简单的直播带货只需要一部手机即可,但传统主流媒体具有较强的专业性,整个直播过程包括较多专业人才的参与,从而使直播更具专业性和吸引力。主流媒体能够整合更广泛的资源,包括明星、专业主持人、行业专家等,因此可以为直播内容提供更多元化的内容,从而增加观众的关注度和可信度。与其他营销主体相比,主流媒体具有宽领域的特点,主流媒体所参与制作的直播内容通常涵盖多个领域,能够进行不同行业的直播带货,满足不同受众的购物需求。此外,主流媒体还拥有高水平的技术支持,通过对比直播场景可以发现主流媒体的场景往往更加专业、简洁,但又不失庄重,从颜色、空间等整体布局来看,主流媒体的直播场景可以更容易获得用户信任。

主流媒体在直播带货方面的优势是其他营销主体远远达不到的,首先,主流媒体具有较高的信誉度和公信力,直播带货时更容易获得用户的信任,增加用户购物的信心。其次,主流媒体的直播平台通常具有庞大的用户基础,这是网红和明星远远无法比拟的,主流媒体的用户多为人民大众,通常没有特定群体之分,因此主流媒体的直播内容可以覆盖更广泛的用户,为产品提供更多的曝光机会。主流媒体对直播内容和直播产品具有严格的审查机制,在介绍产品时,会进行全方位的讲解,使用户真正了解产品,提高用户对产品的购买欲望。主流媒体的直播内容形式非常多元化,既有专业解说,又有娱乐表演,既有专家解说,又有互动问答。主流媒体的直播内容是以专业性为主,加入娱乐因素,最终使整个直播内容在保持专业性的同时又不失趣味性和吸引力。当前主流媒体的直播内容仍以公益直播为主,直播带货的主要目的是帮助产品打开销路,同时也是为了使主流媒体以全新的、近距离的形象出现在人民大众面前。因此,主流媒体的加入不仅丰富了电商直播的形式,还塑造了主流媒体在大众面前的新形象,提升了主流媒体的影响力。

### (四)官员直播

偏远地区的环境较为闭塞,交通并不便利,当地人民对于市场情况也并不了解,因此很容易造成农产品积压,而这也使得市场上出现了一种新的销售模式,即官员直播带货。官员直播内容多以农产品销售为主,直播产品多以当地的农产品为主,直播模式可以跨越时间和空间的限制,从而使更多的外地用户了解偏远地区的高质量产品,而官员本身的公信力和社会价值观的号召力也可以使用户在观看官员直播带货时产生扶贫济困的心理。[①] 官员本身的身份就可以给予用户极高的信任度,相比起其他营销主体而言,官员这一身份更有说服力。目前,官员直播带货已经成为一种重要的推动地方经济发展、宣传特色产品的营销方式,官员直播带货并非为了利润,而是为当地的农产品找到销路。在直播中,政府官员参与其中会增加整个直播内容的合法性和公信力,从而提高产品的信誉度。官员通常具有广泛的社会资源,能够整合地方优质产品和企业,并通过直播平台向更多的用户进行推荐,官员的形象通常代表着地方形象,通过直播带货可以有效提升地方

---

① 汪卉卉,陈义平.官员"直播带货":基层治理的一种创新实践[J].西安建筑科技大学学报(社会科学版),2023,42(4):59-66.

品牌形象,吸引更多用户的关注。① 另外,官员直播带货往往能够得到政府的财政支持,包括优惠政策、资金支持等,为农民和企业提供更多的发展机会。官员直播带货除了对农产品进行推介外,更重要的是借助政府资源对当地的特色产品或相关资源进行更广泛的宣传推广,从而提高当地产品在市场上的知名度和市场份额。

与其他营销主体不同,官员在直播过程中除了介绍产品外,通常还会关注一些公共事务,介绍一下当地的扶贫政策、产业发展等,强调的是社会责任感的提升,这也为商品赋予了更多的社会价值,在直播的同时又可以满足用户精神方面的需求。官员直播带货更注重的是向外地用户展示地方特色产品,除了产品之外,还会强调本土的文化和产业,从而通过直播塑造地方独特的经济形象。另外,官员直播带货的形式通常更加亲民,官员所展示出的真实的平易近人的一面可以更好地拉近与民众之间的距离,直播过程中也可以进行互动问答,从而重新塑造官员在民众当中的形象,构建良好的官民关系。更重要的是,官员的直播带货并非仅仅关注短期的销售效果,更重要的是长期的经济发展,直播带货的目的是为企业和农民提供可持续性的支撑,促进当地产业发展,提高地方经济效益。官员直播带货与其他营销主体不同,官员的形象有政府背书,因此整个直播内容更注重传递正能量,关注社会公益事业,同时也有引导社会关注正能量之意。通过直播带货,官员可以出现在更多人的视野当中,而官员在直播过程中所强调的内容也可以推动企业履行社会责任意识,从而引导更多企业更加注重社会效益。这一直播带货形式的优势十分明显,但在具体实践中需要谨慎操作,保持透明度,避免存在商业利益冲突,产生社会负面影响,在使用这种新型宣传手段时,一定要保证其正面效果。

**（五）品牌方直播**

互联网的发展使品牌方发现了新的营销手段,即网络营销,通过大数据、物联网等技术进行网络营销,从而发展更多的潜在客户,将用户从线上

---

① 毕继东,彭渊理,刘胜男.政府官员助农直播对消费者购买意愿影响研究[J].商业经济,2023(9):73–78.

吸引到线下,再转化为忠实客户。在网络营销中,直播带货是最有效的手段,可以为企业和品牌迅速打通线上的销售渠道。而随着社交媒体平台和电商直播平台的逐渐成熟,平台付费流量的出现使品牌方可以在短时间内获得有效的曝光度。起初,为了能够短时间内看到效果,也为了避免浪费资源,大多数品牌都会选择与网红和明星等群体进行合作,依靠其知名度和自身流量,快速打通网络销售渠道。但目前越来越多的品牌旗舰店在社交媒体平台和电商平台创建了属于自己的官方账号,并雇用了专业的主播和运营团队进行直播带货,在抖音、快手等社交媒体平台,品牌方直播带货通常会分时间段,而在淘宝等电商平台,品牌方的直播带货可以是全天候的,由此可见,品牌旗舰店也认识到了流量的重要性,希望通过自己创作优质内容直接吸纳目标客户。随着直播平台逐渐成熟,品牌旗舰店自行直播相比邀请网红和明星带货而言可以节省更多的费用支出,企业品牌方可以对主播进行专业培训,使主播全方位深入了解产品内容,在直播时也可以更好地回应用户的问题。

品牌方直接进行直播带货具有明显的优势,品牌方的直播内容和直播过程是由品牌企业自行操控的,因此有更大的掌控权,在介绍产品的过程中还能够为用户准确传递品牌理念,展示品牌优势,使用户更深层次地了解品牌文化和产品特点。此外,品牌方能够通过数据分析等手段精准定位自身的目标受众,从而针对性地推送相关产品,如此可以提高直播带货的转化率。另外,品牌方在直播带货过程中具有更高的自主权,因此可以有更灵活的操作空间,能够根据实时数据调整现场的直播内容和销售策略,从而提高直播效果。品牌方在直播过程中也可以展示公司文化,展示产品的研发过程,全面建立新的品牌形象,从而增强用户对品牌的认同感。直播过程中,品牌方可以直接与用户进行互动,实时回应用户疑问和反馈,加强与消费者的互动,如此有助于提高品牌的信誉度,良好的服务态度和真诚的回答也有助于塑造更好的品牌形象。

## (六)素人直播

随着电商直播的迅速发展,越来越多的人加入了直播行列,其中不乏素人群体,素人指的是非专业主播或普通个人,是千千万万平凡人中的一个。

素人主播数量的增加也与农村互联网普及有着紧密联系,越来越多的乡村用户接触到了短视频和直播后,选择了利用这种方式为个人店铺或相关产品进行直播带货。社交媒体平台在发展稳定成熟之后,将目光放在了农村,平台为其提供了大量的资源,帮助其进行账号维护、内容制作、传播等。以抖音为例,抖音自 2020 年起陆续推出了乡村守护人和新农人计划,之后更是推出了抖音乡村计划,目的是助力山货销售、文旅推广和人才发展。平台资源的倾斜、直播市场的成熟、互联网的普及等众多因素使越来越多的素人投入短视频创作中,大多数素人是通过情景剧或原产地摄像等视频内容为自己售卖的农产品进行宣传,在众多的素人群体中,也出现了部分优质内容的创作者,在互联网上脱颖而出后成为草根网红。[①] 而许多素人在具备足够流量之后,则将目光转向了当地或其他贫困地区的农产品销售,意在通过自身的流量为偏远地区的农产品进行直播带货,为其打开销路。

相比其他营销主体而言,素人直播带货虽然缺乏一定的专业性,但其本身却有着独特的优势和特点。素人直播带货通常能够展现出自身最真实的一面,用户更容易感受到主播的真诚和亲近感,从而更易被用户接受,提高产品的可信度。[②] 在直播带货过程中,素人主播不免要与用户进行交流,在此过程中可能会分享普通人的故事和生活经验,这种真实性能够吸引用户的共鸣和关注。另外,素人主播在直播带货方面更多的是以食物或日常用品为主,奢侈品几乎很少出现,素人主播本身对于日常用品的熟悉度也可以使其更熟练地介绍多种产品,从而吸引更多的用户。直播带货的目的是将流量变现,从而将产品推销出去,但流量变现本身也需要有一定的前期投资,素人主播缺乏资金和流量,只能选择亲自进行直播带货,推广相关产品,流量小、费用也不高。这降低了农民和企业在直播带货中的推广成本。相比起网红明星等营销主体而言,素人主播和普通人更接近,因此更能理解普通用户的需求和购物心理,在直播过程中更容易建立起与用户之间的

---

① 张合斌,王丹丹,陈利花.素人直播在乡村振兴中的价值与路径研究[J].传媒论坛,2023,6(16):88-91.

② 高舒.楚门背后:全民直播时代下的素人直播研究:基于网络互动理论的视角[J].新媒体研究,2017,3(15):79-80.

情感连接,从而促使用户做下购物决策。另外,素人在直播过程中具有一定的自发性和灵活性,可以根据实际情况随时调整直播内容,增加观众的参与感,没有品牌的介入,素人在直播过程中可以更加自由,更加真实。另外,在所有营销主体中,素人主播与用户的互动性往往更强,能够更主动地回应评论和提问,从而增强用户的参与感和购买欲望。

# 二、营销方式

## (一)产品展示

在电商直播场景化营销中,产品展示是一种最常见的营销方式,直播的目的是将产品推销出去,因此产品是直播的重点内容,通过产品展示,可以让用户了解产品的相关内容,了解产品的使用场景,从而提升购物体验,提升购物欲望。在直播过程中,主播可以实时展示产品的使用方式、特性和效果等内容,让用户通过直播了解产品的设计、结构、外观等,之后再通过实际操作过程,让观众更直观地了解产品。在产品展示过程中,主播会重点突出产品的独特特点和创新之处,以吸引大量用户关注,从而使自身产品在众多同类产品中脱颖而出。除了展示自身产品之外,主播也可以进行产品对比展示,通过对比不同产品的优劣势,帮助用户更清楚地了解不同产品的性能和特色。主播也可以在直播过程中分享自身的产品使用体验和感受,也可以邀请一些真实用户到直播间参与直播过程,分享用户的亲身感受,通过真实的用户故事,增强产品的可信度和吸引力。

在直播过程中,通过实时演示和详细介绍产品的特点,可以提高观众对于产品的认知度,使其更了解产品的优势和特色,在产品展示过程中,主播可以和用户进行互动,增加实时问答和用户体验分享等环节,增加用户的参与感,拉近主播与用户之间的关系。例如,如果是化妆品品牌直播,可以让主播或模特在直播过程中展示新品口红的实际使用效果,可以邀请不同风格、不同肤色的模特实际使用产品,向用户展示口红的真实效果。主播可以展示口红的涂抹过程,再用纸巾、水等道具展现口红的持久性、颜色饱和度等特点。此外,在直播过程中,通过精心设计的产品展示,能够激发用户的购物欲望,从而使其更有动力进行购买。如果品牌并非只有单一产品,也可以通过产品展示推广系列单品或套装产品,既可以帮助用户提升搭配认知,也可以塑造品牌的整体形象,提升用户对品牌的认知度和好感度。例如,在服装直播过程中,主播或模特可以将多个单品组合成套装,为用户提供搭配模板,同时也可以教授一些搭配小技巧。通过直观的产品展示和详细介绍,以及真人展示,能够有效提高用户的购买欲望,从而提高销售效果,这种真实的真人体验分享和实时互动相结合,能够使用户对品牌和产品产生信任感,从而提升购买欲望。

### (二)场景还原

除了产品展示外,在电商直播场景化营销中,场景还原或场景模拟也是营销效果较好且较为常用的一种营销方式。场景还原或场景模拟是通过搭建特定的场景,将产品融入真实生活场景当中,展示产品在实际应用中的效果,如此也能吸引更多的用户产生关注,从而提升购买率。① 在直播过程中,主播多选择设置特定的生活场景,例如家居场景、户外场景、办公场景等,将相应的产品融入日常生活场景当中,可以使用户更容易产生共鸣,也可以使用户更了解产品的实际使用效果和使用用途。场景的设置也是为了更好地展示产品的实际使用效果,例如,如果是家具直播则可以设置客厅场景,用户可以更直观地看到家具的摆放和搭配的效果;如果是户外用品,则多在野外进行直播,在直播过程中现场演示产品的使用方法,并对产品的便捷性、轻便性、抗压性等特点进行测试,增加用户对产品的实际感知。除了生活场景之外,许多品牌或主播也会选择搭建特定的场景,主要是与直播产品或主题相关的主题场景,例如,部分化妆品品牌会搭建影视剧相关场景或古装场景,以此来提升直播内容的趣味性,同时也可以与化妆品主题相契合,可以吸引更多观众的注意力。在实际运用中,佰草集等化妆品品牌就搭建过古装主题场景,也确实得到了不错的营销效果。另外,如果是农产品直播或日常食品直播,主播可能会以乡村美景为背景,搭建美食烹饪场景,将产品与场景相融合,既可以增强用户的视觉体验,使用户具有身临其境的感

---

① 刘诗琳.农产品线上品牌化场景营销优化策略研究[J].商业2.0,2023(5):57–59.

觉,同时也可以加深用户对产品的印象,提高用户转化率。

　　除了真实场景之外,品牌也可以利用虚拟现实技术,在直播间设置 AI 主播或虚拟试衣间、虚拟家居场景等。虚拟现实技术呈现出来的场景更加逼真,同时也具有更高的自由度,可以满足观众的好奇心,提高用户的参与感。场景还原和模拟是一个较好的营销方式,但在具体使用过程中,品牌和主播要注意保持直播新鲜感,因此可以定期更换场景,但场景与产品需要具有关联度,如此才能吸引到更多用户。生活场景还原或模拟可以使产品融入真实的生活场景当中,能够让用户更容易产生情感共鸣,从而提高购物体验的个性化和情感化。另外,这种营销方式可以通过生动的视觉效果增强用户对产品的印象,提高产品的吸引力,用户也可以清晰地看到产品在实际应用场景中所达到的效果,使用户对产品的实际使用效果具有更深入的了解,同时也展现了品牌对用户的尊重,有助于用户购买决策。除了搭建真实场景外,也可以将虚拟现实技术和特定场景进行联合运用,可以使用户更容易投入直播当中,增加互动性,提高参与感。另外,通过展示产品在特定场景中的应用,能够将场景中的元素与产品形象更紧密地联系在一起,可以更巧妙地塑造品牌的整体形象,使品牌更有记忆点,更有个性和吸引力。

## (三)角色人设塑造

　　许多品牌和主播在电商直播过程中都会有意地进行角色人设的塑造,这种营销方式是通过创造富有个性和故事性的主播形象,吸引更多的用户关注,建立主播与用户之间的情感连接,从而提升用户的购物体验,提高用户购买决策。在角色人设塑造方面,情感共鸣是最常用的一种方式,主要是通过塑造具有故事性和个性化的主播形象,使用户更容易与主播产生情感共鸣,从而加深品牌与用户之间的情感联系。这种营销方式通常是以主播作为重点,即突出主播个人身上的故事性和独特性,例如主播的身份定位可以是家庭主妇,可以是独立女性,这些容易让人产生记忆点的人设可以帮助主播更快速被用户记住,也更容易唤醒用户的情感。但这种方式多以主播为主体,因此如果主播与品牌之间的联系不够紧密,长此以往,品牌自身可能会受到不利影响。相比起普通主播而言,富有人设特点的主播更容易使用户产生兴趣,用户也更愿意参与互动,提高直播的互动性,从而促进用户与主播之间的交流。用户首先感兴趣的是主播的人设或以往的故事经历,但最终都会与产品和品牌产生连接。在塑造主播的人设时,可以在其中加入品牌因素,从而借助主播角色的独特性格和形象,提高品牌的辨识度和记忆度。

当前电商直播平台发展的已较为成熟,各个直播间也层出不穷,如何在众多主播当中脱颖而出也是每个主播关注的重点,相比起普通主播而言,用户更容易关注到具有吸引力的角色人设,在短短的几十秒或一两分钟之内就可以为用户留下记忆点的主播更容易获得成功。许多主播会选择从造型和形象设计方面入手,通过特定的服装搭配、发型、化妆风格等塑造独特的外形,以此来引发用户的关注。这种方式最为简单,效果也较为明显,但并不长久,如何在通过外表吸引到众多用户之后,将用户黏性和忠诚度进一步提升,从而使其成为主播和品牌的忠实用户才是重中之重。要想吸引更多的忠实用户,主播需要让自身具有更大的魅力和吸引力,为此许多主播定制了专属的语言风格和沟通方式,可以是幽默风趣型,可以是专业严谨型,目标则是以符合受众口味为主,加深与用户之间的互动。电商直播中的角色人设塑造不仅可以增加直播的趣味性和吸引力,通过设置个性化的主播形象,还可以使品牌形象更加深入人心,以主播为纽带,加强品牌与观众之间的感情连接,从而促进购物行为的发生。

### (四)故事化营销

在电商直播场景化营销中,故事化营销也是一种效果较好的营销方式,主要是通过讲述富有情节和故事性的内容,将产品或品牌融入其中,以吸引更多用户关注,提高用户对品牌的记忆度,建立用户和品牌之间的情感联系,从而推动购物行为。故事化营销可以通过情节和人物塑造,将品牌融入故事情节当中,使用户与故事产生共鸣,从而提高品牌的亲和力。与单调的产品介绍和演示相比,有趣生动的故事性情节更容易引发用户的关注,更能够吸引眼球,而通过故事化情节,用户也更容易记住品牌或产品,一个简短的故事若形成了有趣且独特的记忆点,则会加强品牌在消费者心中的定位,有利于塑造品牌形象。以国产品牌蜂花为例,蜂花品牌具有极高的国民度,家喻户晓,产品物美价廉,在互联网时代,蜂花的营销方式也变得更加多样化,在保持自身产品特点的同时,也在一定程度上强化了部分故事化情节。例如,蜂花的产品包装并不高级,甚至二次使用了其他品牌的纸箱,而这一情况被放置在互联网平台上之后产生了大范围的讨论,蜂花的传播度也更加广泛,而这一小小的故事情节也成为"蜂花捡箱子"的独特记忆点,与此同时,蜂花本身物美价廉的国民品牌形象又会更加深入人心。而这一小小的事件则形成了故事性情节,使得用户更容易记住这一品牌和相关产品,这是由于情节形成了一个有趣而独特的记忆点,甚至对部分用户而言,这一记忆点会代替产品特点、价格、外观、设计等众多内容,从而加强了品牌在消费者心中的定位。

在直播过程中,主播可以在介绍产品时融入相关的故事情节,使用户在了解产品的同时,可以听到更具趣味性的故事情节,从而提高购买决策的可能性。在介绍产品时,用户也可以与主播进行交流,主题大多只能围绕产品本身,但具体的使用效果又无法使用户真切感知到,因此主播就可以通过讲故事的方式,使用户的情绪产生波动,从而提高购买可能性;而在讲故事的过程中,用户也会更主动进行评论、分享等互动,从而加强与主播和品牌的互动,提高用户黏性。以东方甄选为例,在介绍儿童读物产品时,主播可以延伸出成吉思汗向外扩张的历史背景,使用户在故事讲述中与古老的人物产生一瞬间的联系。在介绍书籍产品时,当主播看到熟悉的时间线时,就可以立即联想到苏轼当时的情况,讲解完历史后又可以附赠一个关于苏轼的小故事。事实证明,这种故事性营销方式也取得了极为成功的效果,东方甄选直播间更是连续 10 个月排名抖音带货榜首位,成为市场中的一匹黑马。相比起普通的产品介绍环节,用户更愿意参与到有趣的故事情节当中,了解自己不了解的知识,在此过程中用户会逐渐提高对主播和品牌的认可度,从而转化为忠实用户。

### (五)互动式营销

在电商直播场景化营销中,互动式营销是最为常见且具有明显效果的一种强大的营销策略,以实时的用户互动为核心,通过不断引导用户参与提问分享,从而最终引导用户完成购买行为,达到促进销售,提升品牌认知,加强用户黏性的效果。[①] 互动式营销指的是用户和主播可以进行实时交流,用户并非被动观看直播过程,而是成为直播互动的一部分,用户可以通过提问、评论、投票等多种互动方式感受参与直播的乐趣,从而提高自身的参与感。另外,互动式营销打破了品牌和用户之间的隔阂,主播可以实时回答用户提出的问题,用户在获得反馈之后也会感觉到自己是受到重视和尊重的,通过即时互动,主播、品牌与用户之间可以建立起更紧密的联系,而这种更为直接的互动形式也使主播和品牌更具人性化和亲和力。在直播过程中,用户若对产品存在疑虑,可以直接进行提问,主播能够及时进行解答,从而为用户提供更详细的产品信息,这有助于增强用户对产品的信任,从而提高购物决策的信心。在互动过程中,主播和品牌也应了解用户群体的需求,设置用户更感兴趣的互动话题或互动奖品,以此来提升用户的积极性,同时也能提高品牌在用户心中的记忆度,增加品牌与用户之间的互动频率。若品牌或主播可以适当频繁举办互动式营销活动,用户更容易在直播中找到参与的乐趣,但为了提升用户对品牌的认同度,互动的话题和相应的奖品都要与品牌或产品具有直接联系,之后再辅以用户体验等方式扩大产品的知名度,使更多用户了解产品的真实体验,如此才能建立稳定的用户群体,提高品牌的影响力。

## 三、营销场景

### (一)内容场景

互联网的迅速发展使得信息传播媒介迅速增多,整个媒体环境更加分散,逐渐失去了中心特点,对于当下的消费者而言,个体的消费需求更加个性化、多样化,同时也更加碎片化,因此,在互联网时代下,传统的营销模式已经不再适用,急需有全新的营销内容为消费市场注入活力,刺激消费者进行购买。在这种趋势下,内容场景的构建成为电商直播营销的重要战略。如今,大多数用户在观看直播时,除了关注产品介绍之外,还会关注直播的

---

① 张志远.探析场景视角下的网络直播带货模式[J].西部广播电视,2021,42(22):90-92.

整体内容,如果被直播的内容所吸引,让用户产生惊喜感和期待感,用户可能会产生意料之外的消费行为,而这种消费行为可能并非以产品为中心,更多的是以直播内容为考虑对象。在电商直播场景化营销中,内容场景化指的是虚拟场景的建构,包括直播内容中的信息呈现以及直播内容和用户之间的连接等。越来越多的品牌和主播认识到内容在营销中的重要地位后,电商直播也顺应趋势进行不断改变和升级。例如,淘宝平台的直播除了以往固定的大促节点,每个月还围绕不同产品创造了专属节日,例如直播新品日、源头好货节等。这些直播优惠活动可以吸引大量用户进入直播间,从而使处于不同时空场景中的用户聚集在一起。直播间就是产品和用户之间的连接平台,而在这个即时性、联动性的信息环境中,大量用户产生的数据不再是单一平台的独有资源,随着互联网的深入发展,不同社交媒体平台和电商平台之间必定会实现互通互融,而这也使不同平台的数据完成互通。

这表明电商平台除了自身设置场景入口之外,也会联合其他的社交媒体平台对自身的场景入口进行宣传和拓展。天猫作为电商平台,微博作为社交媒体平台,两者的基础属性完全不一致,伴随着互联网和电商直播的不断发展,两者也逐渐有了深入的融合。用户可以在微博上看到关于淘宝直播的话题推荐,而淘宝平台也会将节日活动、信息服务等同步到微博的平台,用户甚至可以直接从微博平台跳转到淘宝的直播场景当中,这表明电商直播的场景入口已经得到了极大的拓宽。与此同时,品牌及主播在微博与粉丝进行互动的同时,也可以在电商平台提升粉丝的忠诚度。除了内容场景入口拓展之外,直播内容的信息也呈现出了符号化的特征。互联网时代下,人们的思想、观念等可以通过网络平台进行交流,因此这些隐形的内容也可以同样被视为符号,而在电商直播过程中,直播间内的信息都是具有符号意义的。一方面,直播间的产品信息和场景设置是由文字、图片等形式呈现出来的,直播间作为线上购物平台已经实现了对线下店铺的还原,直播界面就是一个较为完整的购物场景,主播会在直播过程中通过关注领券、抢红包、分享抽奖等各种活动吸引用户注意力,而这些促销活动则将产品与消费者进行了有效连接。

直播间就是一个具有代表性的符号。用户在点进直播间之后就进入了虚拟的购物场景,主播的身份对应着售货员或导购员,而消费者则是客户,不同产品具有不同编号,主播会根据编号顺序依次介绍产品内容,用户可以通过弹幕或评论的形式向主播询问自己想要产品的相关信息,主播会及时给予回复进行信息介绍。这一整个购物过程均是在虚拟场景下完成的,消费者并没有实际与产品进行亲密接触,但消费者却可以在虚拟场景中完成购买行为,因此可以说用户在直播间所完成的消费行为的具体指向对象是产品符号。在许多品牌旗舰店的直播间内,一部分官方产品或明星产品则被人为赋予了品牌符号,主播通过对明星产品进行宣传和推荐,从而向消费者灌输明星产品即优质产品这一信息,以此来提高用户对明星产品的信任度,增加用户对品牌的黏性。很多品牌会选择明星作为代言人,而主播在推荐明星同款产品时则会强调明星本身,这也只是产品符号而已,但明星作为公众人物,对粉丝而言具有一定影响力,因此在很大程度上粉丝会由于明星的代言而在直播间内进行消费,这也是符号化产品信息对用户本身所带来的影响。

在所有类型的短视频和直播当中,娱乐内容是更容易吸取用户关注,随着互联网时代的迅速发展,很多消费者对娱乐内容的消费产生了新的认知和新的需求,这也促使销售模式产生改变。许多电商直播在构建内容场景时加入了短视频,将短视频和直播相结合,从而塑造了全新的直播场景。相比起直播而言,短视频时长更短,门槛更低,更符合当下互联网时代用户碎片化、丰富性、互动性的消费性格和消费习惯。例如,淘宝电商平台在购物app中加入了短视频板块,每个短视频的时间都在几十秒左右,短视频的下方放置了商品链接,这是淘宝将短视频和商品相结合的一个重要改动。用户点击商品链接后,会直接跳转到下单页面,用户可以直接进行下单,若不想下单可以直接返回到短视频页面,继续下滑,观看其他的短视频。这种短视频时间更短,更符合当代互联网用户的需求,可以将短视频看作是直播的精华部分,两者结合之后更容易提高用户黏性,且形成了完整的内容闭环,用户的购买行为会更加方便,同时耗时也会更短,从某种意义上而言,产品的符号化已十分明显。

### (二)社交场景

在构建场景时,社交氛围是不可忽视的重要因素,因此在电商直播场景化营销中,社交场景也是不可忽视的,进入直播间的用户均有互动的需求,用户需要在直播间内进行意见表达、情感释放,不同用户的购买意愿在直播间内也会不断产生变化,最终促使用户做出购买或不购买的行为。如今电商直播会借助社交媒体平台进行直播活动的宣传和推广,也会通过话题互动、用户产出等方式构建社交场景。处于不同的位置会促使人们产生不同的行为,这是由于人们会对他人和自我的身份进行辨别,并根据相应的身份角色做出不同的行为。在如今的电商直播过程中,主播所处的直播间已没有了前台和后台之分,整个直播间逐渐成为中间区域,目的是使用户和主播之间产生更紧密的联系,使主播具有更高的亲和感。例如,东方甄选在直播间内介绍白酒产品时就搭建了餐桌场景,几个主播围绕餐桌进行产品介绍,餐桌上摆放着食材、火锅等菜肴,产品和场景十分巧妙地融合在了一起,这就有利于打破直播过程中用户与主播之间的空间限制,拉近了双方之间的距离。这种模糊界线的方式也会让用户感受到自己与主播之间存在一定的亲近感,从而使用户更愿意在直播间内进行互动,甚至逐渐沉浸于主播构建的直播场景当中。

在众多销售模式当中,电商直播模式是最适合构建社交场景的,同时也是最具有社交氛围的,电商直播打破了现实社会中的限制,从而将不同时空、不同年龄、不同种族、不同阶层的用户聚集在同一直播间内。[①] 虽然是虚拟场景,但人们因为相似的喜好和习惯在虚拟的空间中形成了一个社交群体,个人在商品购买页面直接下单仍然是个人化的购买行为,但在直播间内了解产品,看着直播间左上角的观看人数,个人仿佛成为这一虚拟场景中一员,同时,电商直播中的弹幕和评论等也更有利于构建互动社交场景。用户在直播间内不仅可以完成购买行为,还可以在直播间内交流互动、宣泄情感,直播间的氛围很容易使用户感觉到自己和他人同属一个社群,自己和他人具有极为明显的相似点,在现实生活中完全毫不起眼的相似之处,在这种虚拟的热闹的社交场景中却被无限放大,从而促使用户之间产生了惺惺相惜之感。电商直播之所以能够带动用户之间的情感交流,就是因为用户可

---

① 温丽贞.移动互联时代跨境电商的场景营销沟通策略[J].营销界,2020(5):67-68.

以在直播间内进行实时的信息交互,主播作为唯一以真人形象示众的个体,在直播间充当的是主持人的角色,既是中心角色,又是边缘性角色,主播会根据舆论走向控制整个直播间的情感基调。当用户发表评论、弹幕时,当用户发生转发分享、点赞等互动行为时,用户就已经逐渐参与到直播过程中,同时用户的黏性也会越来越高。在直播间的时间越长,转发次数越多,用户在直播间会消耗更多的情绪情感,用户之间也会逐渐产生情感共鸣,从而不自觉地对这一虚拟的群体产生认同感和归属感。

电商直播在不断发展的同时,直播的模式也在不断进行创新,电商直播的主体有多种类型,网红主播和明星都具有大量的粉丝基础,但两者相结合的模式才可以使直播间的影响力和销售量达到顶峰。明星出现在直播间时通常自带话题,主播也会将话题有意无意地围绕明星进行展开,从而依赖明星的个人影响力为直播间吸引更多的粉丝,并希望利用粉丝效应进行产品营销。可以说,在整个电商直播过程中,粉丝效应发挥着重要的作用。明星刘德华、大鹏等均在网红直播间内出售过电影票,直播间通过推出促销活动,可以在短短几分钟内销售数十万张,甚至上百万张电影票,相比起线下的销售,电影票在直播间的售卖记录可以说达到了一个新的顶峰。因此,明星做客直播间不仅可以吸引大量的粉丝,粉丝之间的相似之处也会加快直播间的社交场景的构建,同时也会提高直播间的整体销量。明星往往并不会全程在直播间内,而明星离开直播间后,主播会继续进行其他产品介绍,由于粉丝效应的影响,这时直播间的热度已经相当高,对于后续的直播卖货也起到了积极的促进作用。

### (三)消费场景

电商直播的本质是产品的销售,因此不论是内容场景的搭建,还是社交场景的构建,均是为最核心的消费场景服务的,互联网使人们处于全新的消费时代,线上消费场景的出现使人们具有全新的消费体验,而产品内容的多元化也促使消费场景产生了新的变化。消费场景是电商直播场景化营销中的核心部分,也是在主播引导下所构建的场景,在电商直播当中,直播间就是无法接触实际商品的线上商店场景,进入直播间的用户并不全是直播间的消费者,但均为潜在客户群体。主播为了完成产品销售任务,会在直播间内大力介绍产品,会向用户推荐相应产品并进行产品试用,为了获得更多用户的信任,主播会以自身和自身朋友为例,强调自己及周边人在亲身使用产品后的良好效果。在介绍产品时,主播多会强调自己会亲身使用相应产品,之后会分析产品功效和作用,以此来进行推销。在此过程中,主播会使用一些煽动性语言来激发用户的购买热情,同时主播还会从价格入手,将产品的原价和直播间的商品价格进行对比。通过鲜明的对比突出直播间产品的物美价廉,直播间内的用户数量虽多,但主播是唯一的语言表达者,因此在极具煽动性的语言情境中,用户在思考购买决策时会受到影响,很容易出现冲动购买的行为。同时,直播间还会出现其他用户购买成功的信息提示,而处在同一社交场景和消费场景中的用户就会出现一种驱动心理,这也很容易导致消费者出现抢购心理。

上述提到直播间内粉丝效应的存在,除了明星本人做客直播间外,部分品牌会推出一些明星同款产品,用户会将个人对明星的情感转移到产品上,从而产生物质消费行为,希望用购买明星同款产品的行为来证明个人对明星的情感。但很多时候用户可能并不需要购买相应产品,可当用户处于虚拟群体之中时,受到主播心理暗示和引导时,则很容易在尚未经过仔细思考时就完成了购买决策,在某种程度上,这种冲动性行为并不是由用户个体独立完成的主体性行为。为了更好地进行产品营销,直播间会为用户打造个性化的消费场景,这种个性化要与用户的个体需求具有紧密联系,例如,淘宝会在不同的时间节点推出不同的直播活动,产品内容也存在一定差异,满足了人们在不同时间段的基本需求,而在特定节日时所开展的特定活动也满足了人们的个性化需求。在如今的场景时代,直播间在向用户推送信息时也要注重实际的选择,电商平台可以利用大数据技术,结合用户以往的订单数据和个人信息,在消费者的重要日子来临之前推送相关信息。例如,电商平台会对消费者的购物记录、浏览记录等进行分析和追踪,当发现消费者购买产品一段时间后,则会在恰当的时机推送相关产品信息,用户也会根据个人需求在电商平台进行挑选,直播商家则会吸引用户进行观看。

多渠道的消费方式有利于构建个性化的消费场景,不同用户所处时空不同,当下状态也不同,因此并非所有用户都能够在规定时间内进入直播间,对此,主播可以满足用户在不同平台的消费行为。除了直播间之外,主播可以建立粉丝群,也可以开通微信公众号,在直播开始之前通过多种方式公布直播的产品链接,这可以使用户在不进入直播间的前提下了解产品内容,并完成购买行为。另一方面,很多品牌将线上和线下的消费场景进行了联通,消费者可以通过线上直播间购买优惠券,之后可以将其用于线下的实体店消费中,这种情况多出现在餐饮直播间内,这种线上线下消费场景的联通打破了时间和空间的限制,从而构建出了以用户需求为核心的消费场景。

## 四、营销效果

电商直播为用户构建了虚拟的消费场景,同时还满足了用户的社交需求,而这些虚拟场景又是对现实场景的模仿和压缩。虚拟空间中并没有时间的流逝,直播过程也可以以视频的形式存储下来,直播间还为用户提供了回看功能,即便用户未能及时进入直播间,之后也可以通过回放功能了解主播对相关产品的介绍,并完成购物行为。[①] 这种时空压缩所带来的沉浸式体验使用户在面对直播间这一虚拟场景时仿佛身临其境,缩短了用户与场景的时空距离,从而提升了用户的购买意愿。相比线下店铺,电商直播更像是线上虚拟店铺,为用户提供了可移动的购物场景,用户与主播的关系好像消费者与导购员的关系,但电商直播的形式又缩短了用户与主播的距离,而虚拟现实技术的发展又将不同时空地域下的用户聚集到了同一场景当中。互联网的迅速发展虽然便利了人们的生活,但与此同时也使人们的生活节奏加快,因此,网络实际上为现实生活中人与人之间的距离带来了负面影响。但线上直播间构建了热闹的购物场景,用户与主播、用户与用户之间虽然没有进行实际接触,但却通过网络进入同一场景中,身与身的距离未能拉近,但心与心的距离却越来越近。用户在线上场景中进行购物时,线下生活场景仍然是独自一人,但直播间所具有的极强的社交属性却拉近了用户与主播、用户与用户之间的距离,从而塑造了双方的归属感和陪伴感。当观看频率达到一定程度,用户会更愿意参与直播过程,并对整个直播过程形成依

---

① 赵俊丽,柴莉.社会化短视频的场景营销:以宜家为例[J].传播力研究,2019,3(30):200.

赖,增强用户黏性。

　　起初,电商平台刚建立时,商家在展现商品信息时多采用文字和图片的形式,但这无法在短时间内吸引更多的消费者,而是需要消费者在众多的产品中主动进行选择。随着电商直播的不断发展,这种情况被打破,商家和主播只需要一部手机,就可以全方位展现商品信息,并对商品进行细致讲解,引导消费者进行购买。消费者在直播间内所做出的发送弹幕、点赞、转发、分享等行为都会使用户的互动成本逐渐累积,直到对直播间产生黏性。此外,新的媒介可以构建新的场景,而新的场景又可以促使用户产生新的行为,线上场景的搭建不仅能够提升用户体验,满足用户需求,还能够使不同的用户在虚拟空间内完成聚集。简而言之,网络直播可以构建线上虚拟场景,用户与主播、用户与用户在线上场景内进行交流和互动后,可以转战其他的社交媒体平台,最终在线下相聚,从而实现线上线下的场景互通。电商直播会借助福利群、微信社区等形式聚集活跃用户,从线上社交转移为线下互动,从而形成真实的群体聚集,在此过程中,用户自身对品牌和主播的归属感和参与感会进一步提升,自认为属于群体中的一员,从而进一步提升对品牌的忠诚度,成为忠实用户。

## 第三节　电商直播场景化营销的适配

### 一、通过精准推送适配目标人群

　　互联网的迅速发展和人们生活节奏的加快,使信息数量呈现指数型增长,在互联网时代信息过载并不是一个罕见的现象,因此只有以用户为核心,准确把握用户需求,才能够有效地提高用户的关注度,从而获取经济效益。我国电商直播的适配已经可以对目标群众进行精准配送,主要是利用大数据技术、传感器技术以及算法捕捉等对目标人群进行分析,从而为其推荐定制化的直播内容。例如,淘宝平台会根据用户的搜索记录、浏览记录和收藏的商品、关注的店铺、喜欢的主播等各种信息来分析用户需要的商品和偏好的商品，从而为用户直接推送与之相关的直播间。在淘宝平台的直播页面有关注、位置定位、搜索等多种功能，用户的每一个行动痕迹都可以转化为数据。在对用户进行深度分析后，平台就可以了解用户的个性化需求，从而不断完善直播页面设置，为用户提供更多好物，用户可以根据自己的需求和喜好选择自己感兴趣的直播频道进行观看，而这一行为记录又会使平台拥有新的用户数据，由此，不同用户的个性化需求可以持续得到满足。

除了淘宝平台，小红书也是具有代表性的内容消费社区，小红书平台的适配和推广方式与淘宝不同，小红书更注重达人分享和种草。在登录账号时平台就需要收集用户的相关信息，包括性别、年龄、喜好的内容板块等，之后小红书会根据信息为用户初步选定感兴趣的内容，之后平台会通过智能手机中的传感器和定位系统对用户的物理属性和社会属性进行信息收集，并运用大数据技术对用户的所有信息数据进行分析，了解用户的需求和喜好，并以此为依据为类似的用户推送相似的可能感兴趣的内容。在小红书的直播界面，主要推荐的内容是用户在登录前所选择的偏好类型，如果用户没有做出选择，则会根据用户的地理位置推送附近的直播内容，主要是让用户感受到亲近感和熟悉感，从而使用户在直播界面停留更长的时间，以此来增强用户黏性。之后会根据用户的行为记录了解其个性化需求，再将更符合用户个性化需求的内容推送给可能需要的用户，通过精准推送来实现目标人群的适配。社交娱乐类的视频平台在精准推送方面具有相似性，都是利用大数据对用户的需求进行分析之后再进行个性化推送。抖音正是其中的代表性平台，在所有的社交娱乐视频平台中，抖音短视频的算法推荐更加精准，抖音短视频会收集用户的信息，并将其抽象为可分析的数据，之后对用户进行精准画像，以用户的社会属性和物理属性为依据进行内容推送。同时又在直播页面设置了推荐、购物、游戏、聊天等多样化功能，用来满足用户的个性化需求。

## 二、通过动态传播适配营销内容

电商直播的出现和发展表明了"注意力经济"向"意向经济"的转变，已成为特定场景下信息适配或服务的典范。在这一背景下,场景适配就意味着不仅要快速理解场景中的用户需求,将用户聚集成目标群体,此外,还要能迅速找到符合用户需求的内容或服务,并向对象进行推送。在接受大量信息之后,用户的主动性被逐渐激活,即使所接收到的内容呈现出碎片化的特征,但用户的主动选择行为已越来越明显,因此在场景化传播过程中,电商直播也由传统的主动吸引注意力经济转变为以用户需求为导向的意向经济。首先,电商直播利用大数据技术、传感器技术等实现了精准推送功能,利用先进技术收集用户信息后刻画出了准确的用户形象,从而将相似的用户聚集在一起组建了目标人群,将用户集中在同一个场景之后根据其个性化需求推送相应的内容或服务,这种精准推送使用户更容易找到自己感兴趣的内容,从而提高用户在电商直播中的体验。其次,随着电商直播的发展,电商平台逐渐重视动态传播思维,并付诸行动,平台不仅关注用户在当前场景下的需求,还会分析用户在过去场景的行为痕迹,并将过去的行为记录与此刻的实时状态进行关联,从而判断用户的需求是否产生了变化,一旦用户需求产生变化,平台会及时调整传播的内容和方式,以满足不同场景下用户的不同需求。

电商直播的成功不仅是由于用户具有购物需求,同时还由于直播间满足了用户的交流需求、表达需求、社交需求,而这与主播与用户、用户与用户之间的联动具有紧密联系。在直播间内,主播可以根据用户的反馈和提问了解用户当下的状态和喜好,从而根据反馈信息随时调节自己的传播活动和相应行为,从而为用户解决问题,提供更优质的服务,满足用户实时的个性化需求。在电商直播过程中,用户和主播、用户与用户之间的互动是动态的、实时的,用户可以随时提出新的问题和需求,主播也会根据用户反馈做出解释、介绍、试用、讲解等行为,从而为用户提供更好的直播服务。另外,电商直播还会通过动态传播的方式促进用户和主播之间的互动,直播间会通过抽奖、赠礼等互动方式吸引用户的注意力,同时直播间也会根据用户的参与状态及时调整当下的传播内容和方式,这种动态传播方式不仅提高了用户的参与度,还增强了用户和主播之间的互动性,有利于提升用户对品牌的好感度。

## 三、通过综合播放模式适配线上线下场景

互联网的迅速发展和移动设备的逐渐普及使智能手机成为用户日常生活中的重要媒介,而智能手机和相关 app 又可以满足用户的生活功能、娱乐功能等各种功能,还可以帮助用户在线上完成信息浏览、工作交流、购物社交等多种行为,而这些行为原本都是在现实生活中所完成的。但互联网的发展使得现实生活场景在线上得以体现。电商直播为用户构建了社交场景、消费场景、内容场景等,用户在直播间内可以进行社交、娱乐、购物等多种活动,在某种程度上,这既是现实场景的虚拟化,同时又是对现实场景的补充和完善,这也体现了线上线下场景的适配。线上电商直播并非一次性的,许多直播间都设置了直播回放功能,用户可以将自己错过的直播进行回放,也可以根据自己需要的产品搜索相应片段,因此正常直播是具有完整性和线性特征的,但独立的产品讲解片段又是对整个直播过程进行了切割,这种综合性和碎片化相结合的播放模式可以更好地满足当下处于不同生活状态的用户的个性化需求。

线下生活场景通常是用户真实的生活状态和所做出的实际的物理行为,而线上场景则是与线下生活场景相对的虚拟场景,但电商直播的线上场景和线下场景具有极高的相似度,线上场景无法真实接触主播和产品,因此可以将其看作是线下场景的补充和完善。随着直播门槛的降低,开通直播的条件越来越简单,直播间的数量也越来越多,为了提高竞争力,电商平台会安排全天候的直播计划,只要用户上线需要观看直播,就能够找到正在直播的主播,这也说明了线上应用场景和线下生活场景的适配。即使电商直播本身是全天候的,但在一天的不同时间段,不同平台会出现数次的使用高峰期,对应的现实生活场景则是晚上和凌晨以及工作之余的休息时间。直播的观看高峰期和购物的高峰期都有不同的时段,并非连续性的,有时间的用户可以全天候进行直播观看,而工作较忙的用户则只能在休息时间才能够观看,因此电商直播的线上场景是为用户线下生活场景服务的。例如,在直播活动正式开始之前,主播或工作人员会在社交媒体平台进行预告,发布相应活动,对相应产品感兴趣的用户可以根据自己线下生活场景合理安排

观看直播的时间,如果用户的生活场景较为完整,时间较为充足,则可以从头至尾地观看完整的直播内容。如果用户的生活场景并不连贯,则可以直接点击直播页面的商品链接,直接观看该产品的独立讲解片段,或者可以在事后观看直播回放,根据自己所需进行购物消费。直播本身的完整性和连续性与片段讲解的碎片化特征相结合是用户的线下生活场景和线上应用场景的适配,从而最大限度地满足用户观看直播和购物的需求。

# 第五章
# 电商直播场景化营销存在的问题及优化策略

## 第一节　电商直播场景化营销的优势

### 一、场景体验丰富

#### (一)场景真实性高

在 21 世纪,消费者的行为在迅速变化和演进。唤醒和引导消费者的购物意识,不仅仅依赖于深度掌握产品知识,而且需要掌握让消费者感知产品真实性的有效途径。跟传统的电子商务模式相比,电商直播带货模式在此方面发挥了非常突出的作用。不仅在提高场景真实性上具有显著的优势,而且动态地解决了传统电子商务在商品展示和销售时空限制上的问题。

1. 多元化的信息传递方式

传统电子商务模式中,消费者的购物体验主要依赖于输入关键词搜索后,商品以图文信息的形式展现给消费者。然而,这些富媒体信息很难全面展现商品的真实情况。商品的色彩可能因显示器的差异而发生变化,商品的大小因图文信息的不准确而导致消费者对商品质地、尺寸的误解。此外,图文信息无法充分表达商品在实际使用中的体验,如布料的手感、香水的气味,这些因素都对消费者进行商品的选择造成了困扰。然而,直播带货模式打破了这种单一的信息传递方式。通过视频直播的形式,消费者可以实时看到商品的真实面貌,听到主播详细的商品介绍。此外,主播有时还会进行商品的试用,给出更直观、更贴切的体验感受。这使得购物流程更真实,更接近消费者在实体店内的购物体验。遇到不明白的问题,观众可以直接在直播间向主播提问,从而获得及时的反馈。这种方式大大提升了消费者对商品的了解和信任。

2. 打破时空限制

电商直播带货模式打破了传统电子商务所固有的时空限制。在传统电子商务模式中,商品的营销和展示通常受限于店铺的开放时间和消费者的空闲时间。但在直播带货模式中,无论消费者处于哪个时刻,都可以找到正在进行的直播间,了解并购买他们需要的商品。这种 24 小时不间断的直播营销模式,给消费者带来了极大的便利和自由。此外,利用独特的回放功能,消费者可以重温主播的商品讲解,再次进行详细的了解和选择。这不仅节省了消费者的时间,也降低了主播的工作压力。主播可以有更多的时间和精力准备新的直播内容,提供更优质的服务。

3. 全景展现商品生产环境

直播带货的场景真实性还体现在向消费者展示商品的生产环境。主播可以通过镜头带观众参观商品的生产线,直观展示商品的生产过程,让消费者了解到商品从原材料到最后完成的全过程,增加消费者对商品的信任和接受度。

### (二)营销趣味性足

在数字化和互联网的快速发展中,电商行业由传统的数字化销售形式逐渐转变为直播带货模式,这个趋势是由其长处推动的,例如可以实时展示商品,直观地解答消费者疑问,同时也允许商家与观众进行立即和直接的交流,由此极大地提升了商品销售的效率和交易的能力。[①] 然而,直播带货的普及也带来了一个严重的问题:内容的同质化。在众多的直播间中,商家披露的信息大同小异,直播的形式和风格几乎一模一样。这就导致了消费者在决定观看哪个直播时,会感到困扰和无趣。为了在这种同质化的背景下

---

① 王玺.电商直播网络服务场景对消费者购物意愿的影响研究[D].济南:山东大学,2021.

脱颖而出,商家开始探索新的形式来吸引消费者。

将舞蹈和商品展示相结合,打造了一种新颖的、富有趣味性的购物体验。在直播过程中,参与者们通过舞蹈、游戏等互动环节,不知不觉中被商品的信息所吸引,从而在轻松欢愉的环境中完成购物。此外,这种模式亦突破了消费者只是被动接收信息的传统购物模式,而是活跃地参与到了直播的过程中,为商品交易注入了新的活力。注入娱乐元素的直播带货方式不仅仅是一个新兴趋势,更是一种策略性的转型。在面对高度同质化的市场时,成功的商家都需要找到创新的方式,以吸引消费者的注意力。这不仅仅让消费者从商品中感到愉快,更可以借此提高商家的销售额,为他们带来了实质性的益处。而这个模式的成功显示出了电商行业中开展场景化营销的可能性以及其潜在优势。

总的来说,舞蹈和娱乐化的直播带货形式,提供了一种独特而新颖的购物体验,减少了消费者的购物压力,提高了他们的购物愉快度。同时,它也带来了实质性的商业价值,尤其是在面对高度同质化的市场环境时,通过整合传统的销售方式和新颖的娱乐元素,它提供了一种独特而有效的解决方案。因此,可以说,场景化直播带货为商家带来了新的机会和可能,应被更多的公司看作是一种创新的营销策略。

# 二、场景社交多元化

## (一)实时互动

根据社会学家兰德尔·柯林斯提出的"互动仪式链"理论,当人们在共同的关注点上投入时间和精力,将会产生共享的情绪体验和社会团结感。这种理论在电商直播领域具有特别的意义。主播通过直播平台构建起一个虚拟的社交场景,将四海五湖的观众围聚在同一个虚拟空间里,通过高频的互动行为,满足了人们对参与感和归属感的深层心理需求。

直播带货过程中观众可以通过发送评论、点击点赞、分享直播,或者进行打赏等方式与主播互动。这些互动方式多种多样,既有富有趣味性的闲聊交流,也有针对商品信息的专业咨询,还可能会有福袋抽奖等营销活动。其中,点赞尤其成为观众表达对主播或商品认同的简单而直接方式。这种看似简单的动作,实则在心理上为观众与主播之间建立了联系,激发了参与者对直播内容更深层的投入和兴趣。

1. 互动和共享的情绪体验

共同关注的焦点和事件构建起互动的基础,同时带来了共享的情绪体验。在直播的过程中,主播推介产品的同时也在进行着故事讲述、情绪传递,与观众共同分享这一刻的快乐、期待、惊喜或者其他情绪,这种共情效果极大地促进了观众的沉浸感和满意度。

2. 拓展互动的空间

虚拟在场感极大地拓展了互动的空间,使得分布在不同地点,甚至不同国家的观众也能在同一时间内参与到直播中,感受到如同身临其境的社交体验。观众之间可以实时交流,虽然是通过屏幕分隔,但谈话和反应的即时性缩短了距离感,加强了共鸣。

3. 互动形式多样

评论和点赞作为最主要的互动形式,成为评价直播成功与否的重要标准之一,通过这些交互行为,主播能够实时地获取观众的反馈,及时调整直播内容和策略来更好地满足观众需求,从而提高观众的参与度和忠诚度。

综上所述,在电商直播的场景化营销中,实时互动构建起一个社交多元化的虚拟场所,观众不仅能够观看直播内容,还能够参与其中,体验到与众不同的购物情感之旅。这种社交特质的结合无疑加深了直播带货的影响力,为电商行业带来了一场革命性的变化。

## (二)陪伴式购物

在过去的几年中,随着科技的快速发展,人们生活节奏的加快以及社交媒体的兴起,一种新的购物模式——陪伴式购物,逐渐在现代社会中流行起来。其实现了观众与主播间的广泛互动,不仅解决了人们因缺乏社交而引起的孤独感,更是为消费者带来了一种全新的购物体验。

随着工作和生活压力的增大,人们的休闲时间都被各种琐事占据,这使得他们不能像以前那样有充足的时间享受线下购物的乐趣,从而产生了深深的孤独感。然而,直播间的出现让人们有了一个新的选择,这个选择群体足够大,可以包含任何有线上设备并且愿意在虚拟线上世界花费时间的人。

这其中,尤其以主播与观众之间的互动最为有效,例如,主播经常通过亲切的开场白与观众打招呼,向观众询问他们一天的状态,以及针对他们在直播间对产品的提问或疑虑进行解答,这种互动方式形成了一种类似朋友间的关系。然后,通过观看直播,观众可以在舒适的环境中选择喜欢的产品,并通过赠送礼物或购买产品来体验成就感和陪伴感。相比传统的线下购物方式,在线直播购物可以提供更大程度的互动性和私人化体验,不仅商品选择多样,而且可以根据自己的需要随时随地购买。[①] 这种互动方式通过提供一种新的消费场景,让消费者在享受购物体验的同时,也改善了他们的心理状态,至少在某种程度上缓解了他们的孤独感。另外,直播带货的模式也吸引了一大批年轻人,尤其是"80 后"和"90 后"的男性用户。例如,罗永浩的直播就吸引了大量男性粉丝,其中"90 后"和"95 后"是主力观众。这些独居的年轻人在下班后选择观看直播作为消遣方式,形成了一种线上社区感,这是一种社交和情感交流的方式,给了他们在忙碌的生活中找到一种宣泄和安慰的出口。在这个越来越被虚拟网络世界占据的年代,越来越多的年轻人因为社会压力和生活环境的压迫,选择在虚拟网络世界寻找关注和关怀,陪伴购物作为一种新兴的社交方式,就在这样的背景下崭露头角。这不仅是对传统购物方式的创新,也是对现代社会种种问题的一种有益尝试。

总之,陪伴式购物作为电商直播场景化营销的一个重要环节,其优势在于能有效满足现代人的社交需求,提供一种全新的购物体验,同时还能在一定程度上解决人们的孤独感。虽然这种新型的购物方式还存在很多需要改善和优化的地方,但是其带来的影响和可能性已经无法忽视。

### (三)社群营销

在自媒体不断发展的今天,社群营销无疑是构成电商直播场景化营销中场景社交多元化的一大重要力量。它的核心在于集结粉丝,通过精心打造社交属性,进一步激发粉丝参与的积极性,提高粉丝黏性,以此实现信息流广泛扩散,抵消网络流量红利自然耗竭的影响。

对于博主和 MCN 机构,熟练运用和优化社群营销手段已呈现出共识性

---

① 刘雨静.跨界电商直播的场景传播策略研究[D].济南:山东大学,2021.

特征。在短视频平台如抖音、快手,或是微博这种具有社交属性的平台,他们深度耕耘,通过互动、分享和转发等行为发挥粉丝影响力。其中,改善粉丝的黏性是他们的核心任务,粉丝黏性高可以带来更稳定的私域流量,提供建立私域流量池的可能性,同时也为直播或信息的广泛传播提供社交属性支持。

罗永浩和呗呗兔是社群营销策略的杰出案例。罗永浩通过微博定期发布直播预告并结合抽奖活动,精准吸睛,以此稳定粉丝群体,充分调动他们的分享和互动热情。他也会推广自家的产品,甚至对粉丝评论和问询做出回应,显现出社群内的互助和互动氛围,使得粉丝对他有更强的情感认同,黏性大大提升。

呗呗兔则通过创建专门的粉丝群体及时回应粉丝的反馈和需求,同时在粉丝之间播种彼此之间情感联系的种子,同样提高了粉丝黏性并稳定了私域流量。通过分享与粉丝互动的具体例子,让粉丝感受到他们的价值并激发他们更进一步参与的积极性。

社群营销作为电商直播场景化营销的一个重要构成部分,充分利用了社交平台的优秀资源,使得电商直播的信息能够更广泛地被传播。在网络流量红利逐渐消耗的大环境下,社群营销让电商直播保持旺盛的生命力,为电商直播界的发展提供了新的方向。

## 三、场景享受满足度高

### (一)消费者窥私欲得到满足

直播带货的方式以一种特殊的形式将主播的后台行为前置,全部展现在观众面前,极大满足了粉丝的好奇心和窥私心理。这种方式不仅为主播和品牌方提供了实实在在的物质反馈,而且满足了消费者的感官和情感需求。在消费者观看直播过程中,他们的好奇心、愉悦感、互动欲望等多种需要得到了满足,这对商家来说,改变了传统的营销模式,带来了更大的吸引力和实效。戈夫曼的拟剧理论阐述了人们在社会互动中的行为模式,认为社会生活就像一部戏剧,前后台是人们表演和放松的两个极端。在前台,人们表现出公众的形象,而在后台,则更多显示出私人的、放松的状态。直播带货的方式就是将主播的后台行为前置,让观众有机会看到他们放松后的状态,并能看到他们除以往平台形象外的另一面。这种方式成功引爆了公众的窥私心理,让直播更有吸引力,更能引发消费行为。

以"辣条袁叔"的抖音直播为例,他将辣条的制作过程,从选材、制作到打包运送的每个环节都如实展示给消费者。这种让消费者看到商品从开始到结束,每一个重要环节的制作过程,实现了前所未有的透明度,进一步满足了消费者好奇心。相比传统的口头宣传,这种真实的影像表现形式更能让消费者接受和相信,也更容易激发他们的购买欲望。此外,公众人物的参与也是直播带货成功的另一重要因素。看到明星在直播带货中一改严肃形象,以亲切、可爱的形象出现,完全满足了消费者对于窥见其后台生活的好奇和期待。例如,明星在直播中展示他们的生活习惯,分享他们的人生经历,打破了传统的明星形象,让粉丝们有机会窥视他们的"后台"生活,从而极大满足了消费者的好奇心。

综上所述,直播带货的方式将主播的后台行为前置,全部展现在观众面前,不仅提供了商业价值,同时也在很大程度上满足了消费者的感官和情感需求,特别是窥私欲的满足。① 消费者的场景享受满足度提高,进一步拉近了消费者和品牌之间的距离,增加了消费者的购买行为,也为电商直播带来了巨大的市场优势。

**(二)消费者的消费热情被激发**

直播带货的方式代表了网络新媒体时代的商品销售新模式,与传统的电商平台相比,它不仅包含了商品的展示与销售,更在一定程度上实现了商品与消费者的交互,赋予消费者沉浸式的消费体验。基于巴赫金的狂欢理论,此种新模式的出现使得直播间也变成了一种狂欢空间,满足了人们寻找生活中所缺失的快乐和自由的需求,并为人们解压、宣泄提供了平台。以团队式的直播带货为例,这种方式通过创造狂欢氛围引发观众的消费欲望。在直播过程中,每个团队成员轮番呐喊、动感音乐的放送以及快节奏的抢购和秒杀环节,都在营造热烈、兴奋的购物节奏。视觉和听觉上的强烈刺

---

① 滕艳.电商直播场景下的消费者购买意愿研究[D].重庆:重庆工商大学,2021.

激,使得购物体验更加鲜活、丰富,并且加深了观众的沉浸感,使他们感觉就像自己亲临现场,参与到这个狂欢中来。与此同时,主播作为直播间的灵魂人物,他们充当的是产品体验官的角色,成为商品与观众之间的桥梁,通过自身的体验,将商品的真实面貌告诉观众。这种方式的另一个重要特点在于它使得商品的呈现方式更加直观和生动。因为主播在直播过程中,会实时地展示商品,在直播形式下,商品的信息密度都要远高于静态的文字与图片。另外,视觉冲击力强的影像直播,能够使商品的呈现更具吸引力,使得观众在享受视听的同时,更容易产生购买欲望。观众在直播带货中的角色也十分重要。他们不仅仅是消费者,更是活动的参与者,他们的行为和反馈甚至可以影响到直播的进程。比如说,消费者可以通过打赏、弹幕等方式表达自己的观点和情感,满足自我表达和宣泄压力的需求。同时,与主播、其他观众的互动,也使得他们在享受购物快乐的同时,能够获得社交乐趣,解除孤独感。

总结来说,在新媒体时代,通过巴赫金的狂欢理论,直播带货的方式创造了一种新的消费氛围,激发了消费者的消费热情,满足了他们的多元需求。这不仅提升了消费者的购物体验,也为电商企业带来了新的发展机遇。

# 第二节　电商直播场景化营销存在的问题

## 一、场景搭建同质化严重,创新性不足

### (一)用户体验缺乏多样性

随着电商直播的快速发展与普及,这一营销方式在带给消费者便捷的同时,也逐渐暴露出其固有缺陷,其中最为凸显的问题便是场景搭建的同质化严重,以及创新性不足。这些问题在用户体验的多元化需求面前表现得尤为突出。

1.场景设计的雷同性

当前电商直播的背景设定趋于一致,导致用户难以从众多直播中感受到新鲜感。无论是城市的居家环境、乡村的自然田野,还是简约的工作室内景,大多数直播场景已经变得互相难以区分,这种重复性导致的结果就是用户的体验感受单调乏味,缺乏刺激和吸引力。

2.互动式体验的局限性

尽管电商直播具有与观众互动的独特优势,然而,在实际操作中,这种互动往往局限于主播与观众之间的单向沟通,比如常见的价格询问、产品详情解答等。缺少深度和有层次的互动内容,未能有效地激励用户参与感和归属感。

3.个性化元素的短缺

电商直播的场景搭建往往缺少针对不同用户群体的差异化设计。消费者的年龄、性别、兴趣等差异在直播场景中得不到充分体现,这不利于打造个性化的购物体验,也难以满足用户多样化的个性需求。

4.技术应用的单一化

在技术驱动的当今时代,电商直播场景的搭建与技术应用息息相关。然而,当前直播中应用的技术往往局限于基础的视频流平台功能,如实时弹幕、点赞等。缺乏创新和高级的技术应用,如增强现实、虚拟现实或人工智能的合理融入,使用户体验在视觉和感知上缺乏层次与深度。

这些因素共同导致了用户体验的单一化和同质化问题。为了提升用户体验的多样性和丰富性,亟须行业内部开展深入细致的研究,并从场景规划、互动设计、个性化元素及技术创新等方面推动电商直播的全面进步。只有确保每个消费者都能在直播中获得独一无二的购物体验,电商直播营销的长远发展与行业健康才能得到保障。

**（二）平台特色与场景化搭建出现脱节**

电商直播作为一种新兴的营销渠道,理应结合平台的独特属性,打造富有特色的用户体验。然而,在多数实践中,我们观察到一个普遍现象:平台的核心特色与直播的场景化搭建之间存在明显脱节,从而未能为用户提供具有吸引力的、差异化的消费体验。

1.平台定位与场景应用的不一致

不同电商平台应根据其市场定位调整直播内容和形式。例如,一些专注于精品时尚的平台,其直播场景和内容应体现高端、个性化的特点;而聚焦于日用百货的平台,则应强调实用性和性价比。然而,现行电商直播场景多忽略了这一原则,导致平台的独特个性无法通过直播得到体现,用户辨识度降低。

2.平台功能与场景互动的割裂

电商平台一般拥有自身的技术架构与功能体系,而这些功能本应成为场景互动设计的一个重要基础。譬如,一些平台可能在商品推荐、客户服务等方面有独到之处,若能将这些功能优势融入直播场景,生成独特的互动机制,将大幅提升用户体验。但现实情况往往是,直播场景未能对这些功能进行有效融合和利用,使得用户体验无法从平台的核心功能中获益。

3.平台资源与场景内容的不匹配

优质的直播内容应通过合理利用平台资源而产生。这包括平台的用户数据、商品资源、客户服务能力等。理论上,直播应能展示平台的商品多样性、服务水平及数据驱动的个性化推荐。不过,在现实中,很多直播场景并没有有效地集成这些资源,而是仅仅停留在展示商品和陈列促销的层面。

4.平台文化与场景塑造的分离

电商平台文化应当是直播场景搭建的灵魂。每一个成功的电商平台都有其鲜明的文化特征,这些特征应通过直播得到传达和强化。但在众多的电商直播实践中,场景搭建往往忽视了这一点,未能将平台的价值观、理念、用户群像等文化元素融入场景之中,导致直播内容缺乏深度与共鸣。

因此,实现平台特色与场景化搭建的紧密结合,不仅需要策略上的调整,也需要深层次的结构性创新。这方面的努力,无疑是提升电商直播赛道竞争力和用户满意度的必经之路。

**(三)传播内容与场景互动一体化存在缺陷**

在现代电商直播的场景化营销中,内容的创造和传播是实现用户互动和参与的关键环节。然而,现行的电商直播模式常常表现出传播内容与场景互动一体化的明显短板,这使得直播效果大打折扣,影响用户体验。

1. 内容创新性不足

尽管内容是电商直播吸引用户的根本,但目前大部分直播内容依赖于表面的产品介绍和促销信息。缺少深入内容的探讨使得直播场景与用户之间的互动停留在浅层次,难以引起用户的深度共鸣和持续关注。

2. 互动设计缺乏独创性

在场景设计中,互动元素应是拉近用户与品牌距离的桥梁。然而,互动设计很少能跳脱常规的问答、抽奖这些模式,这些重复性的互动手法已不能满足用户寻求新鲜体验的需求,从而导致用户参与度的下降。

3. 内容与场景无法有效结合

理想的情况是直播内容应与直播场景有着天然的联系,共同构建一个有趣、有吸引力的故事。但实际上,电商直播中内容与场景的关联往往显得生硬、牵强,使得整体故事的讲述失去流畅性和说服力,减弱了用户的参与感。

4. 技术手段应用不够深入

技术在推动内容与场景互动一体化方面应发挥重要作用,例如使用数据分析来定制个性化内容,或利用交互技术提升参与感。然而,目前多数直播场景未能充分利用技术手段,使得内容传播和场景互动之间缺乏有效的融合与互补。

## 二、过度重视利益连接,忽视了价值传递

### (一)短期利益驱动下的品牌建设困境

1. 忽视产品价值

短期利益的驱动以促销和折扣为常用手段,这在很大程度上扭曲了消费者对品牌价值的认知。品牌不应只是价格战的工具,而应是一种质量保证和服务体验的承诺。然而,在电商直播中,由于参与者往往过于关注销售额的即时增长,便倾向于将折扣作为吸引顾客和快速提升短期销售的主要策略。长此以往,消费者对品牌的忠诚度可能会削弱,因为他们习惯了在低价促销时购买产品,而非因品牌自身的价值。

## 2. 忽视品牌故事和价值观的重要性

短期利益驱动模式下的品牌建设往往忽视了投资于品牌故事和价值观的重要性。品牌的核心价值观应是塑造品牌形象和促进长期发展的基石。电商直播平台上的销售策略若过于关注短期收益，就很难将投入转移到品牌文化的构建和品牌故事的讲述上。没有深厚的品牌故事和价值观支撑，品牌的深度和竞争难度都将大打折扣，最终影响品牌的可持续发展能力。

## 3. 影响企业产品品质的提升和创新

过分强调短期效益还会导致企业忽视产品品质的提升和创新。在追逐快速销售增长的过程中，企业可能会减少在研发和创新上的投入，这会直接影响产品的竞争力。与此同时，电商直播的快节奏可能会使企业倾向于选择快速上市、快速盈利的产品，而不是那些需要长期培养市场和消费者教育的创新产品。长远来看，这种策略可能会损害品牌形象，使品牌在市场上的位置变得不稳固。

## 4."同质化"竞争现象加剧

过度追求短期利益还可能导致市场上的"同质化"竞争现象加剧。品牌在短时间内追求盈利最大化，往往会复制市场上已被证明有效的销售模式，而不愿意耗费精力去开发独特的品牌定位和创新的市场策略。结果，市场上充斥着大量相似产品和营销手段，消费者很难区分不同品牌的独特之处。长此以往，这种同质化竞争会削弱消费者对品牌的信任感，进而影响品牌的忠诚度和市场份额。

综上所述，电商直播的场景化营销在面临短期利益驱动下的品牌建设困境时，必须重新审视和调整其战略重点。通过重视长期价值的传递和建立，培养消费者的品牌认知和忠诚度，最终实现品牌的可持续成长和市场的长期健康发展。

### (二)算法优化与用户价值感知的矛盾

在电商直播的场景化营销中，不仅品牌建设的困境是问题之一，算法优化与用户价值感知之间的矛盾也是不容忽视的问题。这一部分的挑战源于对算法所驱动的用户参与和购买行为的依赖，而这种依赖往往与用户实际的价值感知存在偏差。

1.忽视用户满意度和品牌忠诚度

电商平台的算法优化偏向于强化短期互动指标,如点击率、观看时间和即时销售转化率,而不是长期的用户满意度或品牌忠诚度。算法所倾向的这些指标导向,使得直播内容创造者过度侧重于能够迅速吸引用户眼球和激发购买欲望的内容,而非注重提供有价值的信息和建立品牌深度。这导致了一个结果:用户可能即时购买,但对于产品的实际价值却缺乏深刻的理解和评估。

2.降低品牌培育耐心与深度的动机

用户价值感知的塑造是一个长期和渐进的过程,它依赖于持续的教育和品牌形象的积累。然而,电商直播算法的即时反馈机制却鼓励快速的结果,降低了品牌培育耐心与深度的动机。诸如个性化推荐等算法功能虽然能短期内增加销量,但如果这些算法不能准确地将品牌的长期价值传递给用户,就可能导致消费者感知和品牌真实价值之间的断裂。

3.难以识别和感知品牌独特的价值主张

电商平台的算法优化常常造成内容的同质化。为了迎合算法,并实现最大化的曝光量和交易量,许多直播内容创造者会不断模仿热门的话题或格式。这种模仿使得用户越来越难以在海量的内容中识别和感知品牌独特的价值主张。此外,用户在决策上过度依赖算法推荐,可能会减少他们探索新品牌或不同类型产品的机会,进而影响市场的多样性和健康竞争。

4.对电商直播平台的信任度下降

算法优化与用户价值感知之间的矛盾,还可能导致用户对电商直播平台的信任度下降。如果用户发现算法推荐的内容与其个人的长期价值和实际需要不符,他们可能会产生疑惑并减少对推荐系统的依赖。长期而言,这种不信任可能转化为对整个直播平台价值的质疑,对品牌的不忠,甚至直接导致用户流失。

电商直播场景化营销的一个关键挑战,即在算法优化和用户价值感知之间找到平衡点。为了解决这个矛盾,必须重新审视算法的设计,确保其不只是服务于短期销售目标,而是能在促进销售的同时加强品牌价值的传递。

同时,品牌需要构建长期的互动策略,重视用户价值感知的培育和维护,以实现可持续发展的目标。

### (三)消费者体验与直播间忠诚度的冲突

在分析电商直播场景化营销中的关键问题时,不仅要关注品牌建设及算法优化的影响,同样不可忽略的是消费者体验与直播间忠诚度之间的冲突。这个冲突的核心在于,用户的体验感受可能与他们对直播间或主播的忠诚度产生分歧。

#### 1.较难满足消费者的期望和需要

消费者体验的核心在于满足其期望和需要。在电商直播中,消费者期待的可能是及时互动、个性化建议、有吸引力的展示以及无缝购物流程。然而,电商直播环境中的快速节奏及主播对销售指标的追求可能会牺牲消费者的整体体验。比如,过于频繁的促销推销可能会打断用户的观看体验,或是在直播间中形成过多的高压销售氛围,这些都有可能降低用户的体验满意度。尽管消费者可能由于冲动或促销策略的诱导进行了购买,他们的长期体验并不满意,这种情况下,忠诚度自然难以提升。

#### 2.较难培养深度的情感联系

直播间的忠诚度依靠的是用户与主播或品牌之间长期累积的情感联系和正面互动的历史。但电商直播的环境与传统零售相比,由于其虚拟性和间歇性,并不容易培养深度的情感联系。[①] 用户可能在多个直播间中无差别地浏览和购买,而不会对某个特定直播间产生持久的忠诚。这种行为上的不忠诚通过零散的购买行为体现出来,而非形成对单一直播间的持续支持。因此,电商直播平台在维持用户体验的同时促进忠诚度,是一个亟待解决的复合挑战。

解决这一冲突的关键在于寻找平衡点,使得在不牺牲用户体验的前提下,能够培养和增强用户的忠诚度。这需要直播平台和主播更深入地理解消费者需求,并设计更具有参与性、互动性和个性化的直播内容。同时,需

---

① 孙延玲,杨洁,韩雪.新媒体背景下"直播+电商"模式的现状及发展分析[J].办公自动化,2021,26(3):18-19,50.

要促进一种更加健康和可持续的直播消费文化,鼓励基于价值和信任的消费行为,而非仅仅依赖于短期的交易导向。通过这种方式,电商平台以及品牌能够塑造更具吸引力的用户体验,并逐步转化为消费者的忠实粉丝,构建长期稳定的消费者群体。

### (四)持续参与难度与社群维系挑战

电商直播作为一种新型的互动式购物模式,其持续吸引观众和维持用户参与度的能力至关重要。然而,面对日益增长的市场竞争和消费者变幻莫测的注意力,直播平台和主播需要解决几个核心问题。

#### 1.观众的注意力分散和忠诚度低

持续参与的难度在于观众的注意力分散和忠诚度低。直播环境极度拥挤,观众在无数直播间和内容之间切换,很难保持对单一直播间持久和深入的关注。在这种情况下,构建持续参与的机制不仅需要创造吸引人的内容,还需要在直播间提供独特的互动体验,以区别于其他竞争者,并持续吸引和维持观众的兴趣。

#### 2.建立参与度高的社群缺乏时间和精力的持续投入

电商直播依赖社群的建立和维系来驱动参与度和忠诚度,但构建一个活跃且参与度高的社群需要时间和精力的持续投入。直播间主播往往面临如何在保持频繁活动和互动的同时,确保内容的质量和互动的深度的问题。平台和主播必须是资源投入的高效利用者,才能保持社群成员的高参与度和积极互动,并收获忠诚度。

#### 3.一次性购买者较难转化为重复购买者

电商直播的主播和品牌面临着如何转化一次性购买者为重复购买者的问题。这不仅仅是将短视的销售策略转变为长期的客户关系管理策略,更是如何将销售过程融入客户价值的增长过程,通过提供持续的价值来促成二次购买和口碑传播。

#### 4.造成观众疲劳

高频的直播频次和不断的促销活动可能造成观众疲劳,这不利于建立长期的社群关系。直播间和平台必须慎重考虑观众接触的频率,以及如何通过不同形式的内容和交互,来培养观众的新鲜感和期待感。只有这样,才能在兼顾即时吸引力和长远参与度的基础上,发展和维持强大的社群力量。

解决持续参与难度与社群维系挑战,直播平台和主播要采取多元化战略,结合数据分析和创新性的内容制作,以及对社群动态的敏感洞察。通过这些策略,电商直播可以增强用户黏性,构建稳固的客户基础,并最终实现价值的持续传递和品牌的健康成长。

## 三、场景营销乱象丛生,线上监管存在漏洞

### (一)夸大宣传

随着科技的进步和社会的发展,电商直播已成为新式营销的主战场。直播带货模式打破了传统的购物方式,提供了便捷、互动性强且具有娱乐性的购物新体验。然而,在这背后,夸大宣传问题却成为电商直播的"心腹大患"。

在缺乏实体商品验证的情况下,主播的夸大宣传很容易误导消费者,尤其是对于那些小众或新推出的品牌。消费者在直播间的购物往往是冲动性质的决策,而当最终收到的商品未达预期时,便会转向维权途径。问题的严重性在于,一旦消费者对直播间的购物体验失去信心,他们不仅会停止购买,而且往往会在网络上发声,通过社交平台发布负面评论。在信息高度自由流通的今天,这些负面信息犹如病毒般迅速传播,轻则损害主播和品牌的声誉,重则导致主播被拉入"黑名单",失去未来的市场竞争力。虚假夸大的宣传行为违背了社会对于正能量的追求和消费者对高性价比商品的期待。它并非仅仅对个别消费者构成欺诈,更在一定程度上破坏了市场经济秩序,对品牌、主播以及平台带来了不可逆转的恶劣影响。这种情况如果不加以改变和规范,将会对整个直播带货行业的健康发展造成长远的影响。

细数上述各方面的问题,我们不难发现,直播带货中的虚假夸大宣传是一项需要紧急解决的问题。它激化了消费者的不满情绪,引发了对电商直播诚信度的普遍质疑。如若要使直播带货模式持续长久,必须从根本上加强监管,创立并实施更为严格的法规标准,以及通过技术手段加强直播带货的透明度和真实性审核,保障消费者合法权益,促进电商直播环境的健康发展。

### (二)数据造假

在数字经济的大潮中,电商直播以其独特的互动性和即时性迅速崛起,成为一种新型的营销模式。然而,这个看似光鲜亮丽的新兴行业背后,隐藏着一个严重的问题——数据造假。数据造假已经成为破坏电商直播市场公平性和消费者决策的"潜规则",它涵盖了刷单、刷人气、刷购买量和刷评论等多种形式。对此,各方面都已经开始意识到这一问题的严重性,并正在加紧打击和管理。

数据造假的行为不仅仅局限于某个特定环节,而是贯穿于整个电商直播的各个环节,包括但不限于直播前的人气炒作,直播间的交易量夸大以及直播后的好评率提升等。[①] 这些行为对市场的公平性和可靠性构成了严重的威胁,扰乱了正常的市场秩序。品牌商以及真正的优质卖家在这种不公平的竞争中处于劣势,对他们而言,不仅是一种经济上的损害,更是信誉和公信力的双重损失。消费者在被虚假数据误导的情况下,容易产生不理性的消费行为,购买到质量低下、服务不到位的产品和服务,最终消费者权益受损。

根据现行的《中华人民共和国电子商务法》和《中华人民共和国反不正当竞争法》等法规,数据造假的行为已经明确违法。《中华人民共和国电子商务法》要求经营者必须提供真实准确的信息,并禁止利用数据手段虚构交易等。《中华人民共和国反不正当竞争法》也明确了禁止的不正当竞争行为,包括虚假宣传和误导消费者的行为。因此,这些法律对直播带货中的数据造假行为设定了明确的界限,做出了严厉禁止和惩罚规定。

对于数据造假的问题,监管机构已经开始采取有力措施。各级市场监管部门联合电商平台,加大了对虚假交易的打击力度,如实名认证、电子标签、人工监控直播过程等,这些措施大幅提升了发现和处置违规行为的效率。平台方面,也在通过技术手段如算法检测等加强自我监管,一旦发现异常数据,立即进行查证和处理。此外,政府相关部门还加强了对消费者的宣传教育工作,引导消费者学会辨别真假数据,增强自我防护意识。

---

① 王羽丹.直播电商模式与营销策略探究[J].营销界,2021(33):41-42.

总之,在电商直播领域,数据造假问题不可小觑,它破坏了市场的公平性,影响了消费者的决策,侵害了合规商家和消费者的合法权益,更有可能触犯法律规定。为此,必须通过加强立法、明确界限、严格监管与惩处、提升公众识别能力等维度入手,形成全社会共治的局面,让直播带货市场回归健康发展的正确轨道。

### (三)售后保障体系不完善

虽然直播给消费者带来了前所未有的多样化商品选择,但同时也暴露出一系列问题,尤其在售后保障体系方面。尽管有诸多便利,但维权与售后服务的不足,问题商品的质量保证不足,以及在发生问题时责任划分的模糊,都严重影响了消费者体验与权益。

直播带货的火爆发展,从内在驱动层面上讲,实际上有选品不专业的短板。直播平台和主播为了追求销量和利润,往往对商品的筛选标准不够严格,甚至存在以次充好、虚假宣传的现象。而这背后的根本问题在于,直播带货缺乏一个与传统零售同样严格的商品质量监管体系。因此,当消费者购买了问题商品后,他们面临的首要挑战便是商品质量无法得到保证。

售后服务的缺失几乎是当前直播带货领域的普遍现象。从用户的角度来看,面对一旦发生的商品质量问题,他们通常只能选择退货退款,在整个过程中耗费了大量的时间和精力。然而,退货退款并非解决问题的根本办法,因为它并不能完全消除消费者的损失,特别是那些花费时间成本参与直播活动的消费者。更有甚者,在退货退款的过程中,因操作烦琐、指引不明确,消费者的退货体验极其不佳。

根据2021年浙江省消费者权益保护委员会的分析,直播带货在为消费者提供便捷的同时,也导致了投诉案件的激增。一方面是主播在推销商品时过于夸大其词,或者商品实际情况与宣传不符;另一方面则是平台在处理消费者的投诉时效率不高,导致问题无法得到及时解决。而在维权事件中,主播、商家和平台之间的责任划分异常模糊,各方在事故发生时往往相互推诿,导致消费者无法快速找到解决问题的正确途径。"按需进货"是直播带货中常见的一种模式,意味着商品只有在订单产生后才会生产。这种模式在一定程度上提高了资源利用效率,但同时也带来了交易周期的延长。

消费者长期使用后出现的商品问题,因时间的推移,又会使得维权的难度加大。特别是对于那些有潜在质量缺陷的商品,消费者可能需要在一段时间的使用后才会发现问题,而此时要找到销售该商品的直播间或商家进行维权,难度显著增大。

综上所述,直播带货确实为消费者提供了更为丰富和便捷的消费选择,但服务与保障体系的不完善仍然是一个不容忽视的问题。从商品质量的不保证到售后服务的缺失,再到权益保护的弱化,这一系列问题共同影响着消费者的购物体验和权益保护。为了改善这一情况,各方需要联合起来,建立完整的监管体系,创设清晰的责任划分机制,并优化售后服务流程,以此来重塑消费者的信任,打造健康、可持续发展的直播带货生态环境。

## 四、虚拟现实场景交融,社会角色发生偏差

### (一)虚拟化身与真实身份的分离与冲突

虚拟现实市场的发展已经使得电商直播通过层次丰富、高度模拟的虚拟环境来供消费者体验,使得交易过程成为一种情感交流的方式,而非简单的交换过程。与此同时,直播主播往往以虚拟人物的形象出现,消费者与主播、产品,甚至活动本身的交互也逐渐变得沉浸在一种虚拟与现实相交融的场景中。在这样的环境下,虚拟化身与真实身份的分离与冲突问题逐渐显现。当主播的虚拟形象与其真实身份发生分离时,往往会产生以下几种冲突。

1. 认知冲突

消费者对主播的了解从何而来? 是他们在虚拟化身中展示的形象,还是他们在现实中的身份? 这种现象可能导致观众对主播的理解和期待不一致。

2. 道德冲突

轻易塑造的虚拟形象可能导致主播按照市场需求和消费者期望过度包装自己,这会使消费者对主播有过高的期望,可能进一步导致消费者在期望与现实之间的冲突,从而抑制消费者的消费欲望。

### 3.法律冲突

在虚拟世界中,虚拟化身的行为是否代表其真实身份的行为? 如果虚拟化身的行为违法,追究责任的主体应当是谁? 法律对于这种新的消费方式的适应性尚不明朗。这种冲突不仅会影响到消费者的购物体验和信任,更会影响到行业的长期发展。当消费者无法确认主播的真实身份与虚拟化身是否一致时,可能会产生不信任和担忧,这会使得消费者对直播销售行为持谨慎态度,降低消费者的购买决策和消费欲望,从而影响电商直播市场的健康发展。

解决虚拟现实场景交融的问题,既需技术的进步,如如何透明化真实身份与虚拟化身的关系,又需法律法规做出相应的调整以适应新的消费方式。更重要的是,电商直播行业也需要意识到这个问题,寻找有效的规模化解决方案,以获得消费者的信任,从而促进其持续健康发展。

### (二)直播场景的"中区"行为及其对社会互动的影响

依据戈夫曼的拟剧理论,电商直播环境中呈现了一种独特现象——中区行为,及其对社会互动的影响。中区行为作为一种新兴的社交互动形式,融合了传统前区和后区行为,不仅改变了人们的交际模式,也对社会角色和身份认同产生深刻的影响。在电商直播中,中区行为表现出较为复杂的特征,主播的行为不再是简单的前区展示或后区准备。相反,直播环境提供了一个独特的舞台,主播们在这个平台上不断调整自己的行为,以适应观众的期待并维持个人形象。举例来说,电商直播中的主播可能会在直播时展现出细腻的情感和对商品的熟悉度,他们精心设计的直播剧本和对话要确保既真实又具有吸引力。这同时包含了前区的表演特点与后区的准备内容。此外,电子媒介的融合使得个人私密生活与公共形象的界线变得模糊。主播们往往在直播中分享个人故事或展示私人空间,这种行为虽然给观众营造一种亲密感,但也使得他们很难脱离这些社交角色回到个人生活中的真实状态。这种现象表现了拟剧理论中提到的前后区行为界限的模糊化,也是中区行为的典型特征。

中区行为对社会互动造成的影响颇为深远。首先,由于直播带货中的社交互动具有即时性和互动性,消费者对主播的认同往往比基于传统媒体的认同来得更直接和个人化。这种关系的强化可能导致人们在现实中将虚拟形象与真实人物合二为一,模糊个人与社交角色的界线。其次,中区行为的娱乐化特征也可能助长了对即时满足和表演化社交的偏好,削弱了人们对深度交流和持久关系的追求。随之而来的还有语言和行为模式的改变。在这个媒介构建的舞台上,主播通过调整他们的语言和行为来吸引不同的观众。例如,使用网络流行语或表情符号来替代传统的语言表达,这不仅改变了交流的方式,还在某种程度上影响了语言的发展趋势。

中区行为在电商直播场景中的普及,体现了技术发展和社会变迁对个体社交行为的深刻影响。直播带货作为一种全新的社交媒介格式,既体现了社会化媒体时代自我展示和互动的新趋势,也呈现了现实与虚拟交融、社会角色变化的复杂图景。在未来,随着电商直播行业的不断发展,中区行为可能会继续演化,从而不断重塑我们理解和参与社交互动的方式。

### (三)直播带货人物角色的转变与错位

在电子商务直播领域,直播带货人物角色的转变与错位是现阶段虚拟现实场景交融所产生社会角色的明显偏差之一。不仅直播平台的环境倒逼了带货人物必须适应快速变化的市场需求,同时消费者对社交互动的深刻渴望也在不断塑造着主播的角色转变。

一方面,随着电商直播行业的蓬勃发展,直播带货已经成为一种全新的营销方式,这在某种程度上颠覆了传统销售模式。在这个过程中,直播带货不再仅仅是销售者的角色,他们往往还承载着娱乐者、信息提供者,甚至某种程度上的社会关系维护者的多重身份。在市场的推动下,他们必须学会与消费者互动,运用自己的魅力和专业知识来吸引消费者,同时也需要善于使用各种场景化的营销策略来提升销售业绩。另一方面,随着虚拟现实技术的应用与互动直播技术的融合,直播带货的场景化营销变得更加立体和生动,消费者的沉浸感被极大增强。在这种沉浸式体验中,原本清晰的顾客和销售者界线变得模糊。消费者身份从被动接受者转变为参与者,他们的反馈能够实时影响直播的内容与走向。这种即时互动模式不仅要求主播具备即兴应变的能力,同时也在不经意间推动了角色的转变,使得带货人物在不断的互动中更像亲密的朋友或顾问,而非单纯的商品销售者。

然而,直播带货人物角色的转变和错位也引发了一系列问题。在不断适应新角色的过程中,直播带货人物可能会逐渐丧失自我,为了迎合市场和观众的喜好,他们可能不得不放弃自身的部分价值观和原则。而在角色转换中的过度表演,有时会让观众感到不真实,损害信任感,进而影响到品牌或个人形象的长期构建。此外,直播场景化营销的虚拟现实交融环境下,社会角色的模糊可能导致消费者在现实与虚拟之间的认知偏差,不利于构建健全的消费心理结构。而随着直播带货形式的日益普及和参与人数的剧增,监管难度越来越大,这些人物角色的转变和错位可能带来诸如虚假宣传、过度营销等消费陷阱,损害消费者权益,甚至影响网络直播行业健康发展的现状也必须引起我们足够的关注。

在面对直播带货人物角色的转变与错位时,必须审慎分析其背后的复杂因素,重视其对整个电商直播行业及社会消费文化所带来的深远影响。相关企业和监管机构应共同努力,引导这一新兴行业朝着更为规范和健康的方向发展。

## 五、主播专业性不足,阻碍产品信息传播

### (一)主播产品知识掌握不足

作为电商直播场景化营销的重要一环,主播作为商品信息的传播介质,其专业性在销售链条中占有至关重要的地位。然而,在实际运营过程中,主播专业性不足的问题逐渐显露,这将直接影响到消费者对产品信息的接收从而制约电商直播的整体效能。

1. 主播所提供的产品知识往往是表层的,缺乏深度

在电商直播的快速发展浪潮中,为了追求效率与节奏,主播往往更偏重于产品的外观展示和价格优势吸引,而忽略了对于产品功能、设计理念、使用方法以及维护保养等核心知识的深刻理解与传播。不仅如此,因为对于产品知识的忽视,往往在消费者提出更专业或个性化问题时,主播难以给出准确而详尽的回答,这无疑削减了直播带货的专业度和说服力。

2. 缺乏对产品知识全面性的把握导致消费者体验不佳

许多主播在接受直播任务时的准备阶段并不充分,对产品的了解可能

仅限于宣传手册上的寥寥数语。导致这种现象的原因是多方面的：从主播自身对知识深度要求的放松，到商家对直播内容准备的忽视，甚至是行业内对于快速上手、短平快的培训模式。主播在解答产品相关疑问时无法做到精准、权威，消费者难以形成信任感，这不仅会减少销售转化率，还可能引发消费者的投诉与退换货等售后问题。

3. 主播产品知识的掌握不足还很可能导致信息传递过程中的误差

在现代电商直播的过程中，为了抓住消费者的注意力，主播可能会不自觉地夸大产品功能或效果，或是因知识掌握不足误传重要信息。这不仅对消费者决策构成误导，损害了消费者权益，也可能因不实宣传给企业带来品牌信誉的风险，引发法律责任。

4. 主播的产品知识掌握不足还会影响到品牌与消费者之间的长期关系建设

在电商直播发展至今日的复杂度与成熟度下，消费者对于品牌的忠诚度和复购率越来越依赖于直播过程中的情感联结和价值认同。一位只懂表面却不懂深入的主播，很难有效传递品牌文化与价值，进而难以形成强大的用户黏性和忠实度风险。

### （二）主播互动沟通技巧的匮乏

由于直播平台的即时互动特性，主播的沟通技巧对于维持消费者的参与度、提升购买转化率以及构建品牌形象至关重要。然而，经研究发现，当前电商直播的互动沟通环节暴露出几个主要问题，如下所述。

1. 缺乏有效的倾听技能

优秀主播不仅需要表达清晰，还需要擅长倾听。在直播中，消费者的反馈是实时的，包括对产品的询问、对服务的需求，甚至对主播表现的评价。一些主播忽视了消费者的留言和问题，未能在互动中进行有效回应，从而错失深入了解消费者需求，提高消费者的满意度和忠诚度的机会。

2. 欠缺引导对话的能力

有效的沟通应让消费者在轻松自然的氛围中获得所需信息和进行决策。一些主播在互动中缺乏目的性，不能引导消费者关注核心信息，甚至在无关话题上流于表面，造成信息传递的偏离与扭曲，降低了直播的营销效率。

### 3.处理异议的技巧不足

消费者可能因为各种原因对产品或售后服务表达不满。主播在处理观众的质疑与异议时，往往采取无措、回避的态度。合理的异议处理应当是电商直播的一个重要组成部分，然而，目前很多主播未能做到积极响应，以理性和专业性解决问题，而是选择避重就轻或用表面的话术搪塞，这无疑会损害品牌信誉。

### 4.缺乏情感沟通的技巧

情感沟通是指在与消费者互动中建立情感联系，使消费者产生认同感和归属感的能力。在实际操作中，有的主播忽视了这一点，仅仅停留在向观众传递产品信息上，未能通过语言和行动传达出真诚与热情，没有实现与消费者的情感共鸣。尤其在直播销售中，消费者的购买决策会受到情感因素的较大影响，因此，主播情感沟通技巧的欠缺不利于建立长期的客户关系。

综上所述，电商直播平台和品牌应当重视主播沟通技巧的培养和提升，让主播成为产品信息传播的有效桥梁和品牌忠诚度建设的重要推手。主播的沟通专业性直接影响电商平台的生态建设和消费者体验，更是影响电子商务长远发展的关键变量。

### （三）主播综合素质缺失对销售的负面影响

在电子商务的直播营销中，主持人或主播是连接消费者与产品的关键纽带。然而，除了产品知识的掌握不足以及互动沟通技巧的缺失外，主播的综合素质不足是一种常见的阻碍，对销售效果产生负面影响。

### 1.较难建构主播的信誉

综合素质的不足会影响主播的信誉建构。综合素质中的可信度是在直播销售中取得成功的一个关键因素。研究表明，消费者往往会根据主播的个人品质、专业背景以及表达的真实性来评估其信誉。当主播在直播中展现出不专业的行为，例如不恰当的语言使用、缺乏品牌认识，以及表达上的不真诚，会直接影响消费者对品牌和产品的信任感。这在心理层面上增加了消费者的购买决策成本，从而降低了转化率。

## 2. 主播无法体现出足够的情感智能和应变能力

主播若无法体现出足够的情感智能和应变能力,也将难以维护直播间的秩序和流畅性。情感智能对于感知和回应观众的情绪是至关重要的。缺乏这种能力的主播可能无法有效地回应消费者的消极反馈,或者调动直播间的积极氛围。进一步来说,应变能力不足的主播在直播出现技术故障或其他意外状况时,可能会显得手足无措,这不仅能迅速消解已建立的观众兴趣,也会在长期内损害品牌形象。

## 3. 缺乏一定的业务谈判技巧和策略运用能力

直播销售中,主播作为销售者需要具备一定的业务谈判技巧和策略运用能力。在直播过程中,主播常常需要与潜在买家进行即兴的互动,诸如价格谈判、优惠促销等。如果主播缺乏相关的商业头脑和谈判技巧,不仅难以在竞争中保持优势,甚至可能由于无法适时提供合理的商业解决方案而丧失销售机会。

## 4. 缺乏个人魅力

主播的个人魅力也是其综合素质的重要组成部分。在直播行业,魅力可以被视为一种吸引和保持消费者注意力的能力。它涵盖了多元化的要素,包括但不限于外表气质、言谈举止及情感表达。缺乏个人魅力的主播可能难以建立起与消费者的深度连接,这不仅在短期内降低消费者的黏性,还可能在长期内影响平台的用户留存和品牌忠诚度。2019 年一项对电商直播效果的分析指出,主播的个人魅力与观众的购买意愿呈正相关。从统计数据来看,那些能够展现出高水平综合素质的主播,无论在直播过程中还是在销售结果上,均显著优于那些只关注产品知识传递的同行。

综上所述,主播的综合素质不足是电商直播销售中一个不可忽视的问题。它不仅在直观上影响了消费者的购买体验,还在更深层次上影响了企业和品牌的长期利益。因此,针对此类问题的解决,不仅需要对主播进行专业知识和互动技巧的训练,还要深化对其个人品质、情感智力、应变能力及谈判技巧等多方面能力的培养。通过提升主播的综合素质,不仅能提高销售效率,还能为品牌塑造强大的竞争优势。

## 六、场景互动方式欠缺，导致流量流失

### （一）互动功能局限性与用户参与体验下降

在电商直播领域能获得持续增长的今天，对于场景化营销而言，互动功能的局限性成为不容忽视的问题。场景互动是指在特定的购物场景中，主播与消费者之间以及消费者与消费者之间进行的互动。理论上，丰富的互动方式可以极大提升用户的参与感，从而增强用户黏性，并提升最终的转化率。然而，现有的互动功能存在几方面的不足，不仅没有达到预期效果，反而可能导致用户体验下降，进而促成流量流失。

1. 平台技术的限制导致互动方式单一

许多电商直播平台仍旧囿于基础的即时消息功能，缺少足够的创新和多样化互动方式。例如，用户仅能通过发送弹幕或评论来参与互动，这种一对多的沟通形式难以满足消费者个性化的沟通需求。同时，弹幕和评论在高峰时段往往刷屏太快，导致互动信息无法得到有效的回复和关注，从而影响了用户的参与感。

2. 互动功能的设计未能贴合用户心理和使用习惯

目前，电商直播的互动设计常常忽略了用户操作的便捷性、趣味性和个性化需求。比如，偏重营销功能而设计的互动游戏，可能由于操作复杂、不符合用户预期或缺乏趣味性，很难吸引用户长时间参与。用户在尝试几次后，因为感受不到愉悦和成就感，可能会选择离开。

3. 实时互动与反馈机制不健全

在许多直播场景中，用户的问题和反馈常常不能得到即时回应。这不仅涉及主播对弹幕的回应速度，还涉及后台客服对消费者咨询的处理效率。缺乏及时反馈的直播环境会让购物体验大打折扣，用户可能因此感到挫败，导致流失。

4. 社群构建与互动深度不足

电商直播依赖社群氛围来维系用户黏性，但目前的平台多数未能提供有效的工具来促进社群内部的深层次交流。消费者之间的互动内容往往停留在对直播内容的简单评论，较少有深入讨论或情感连结的兴起。

综上所述,电商直播场景化营销的互动功能局限性显著,这不仅减弱了用户的参与度和体验,也在一定程度上引发了消费者流量的减少。针对这些问题,电商直播平台需积极采取措施:如升级技术以支持更多样化的互动方式、设计符合用户心理和习惯的互动功能、完善实时反馈机制,以及加强社群管理,培养深度互动。通过不断优化和迭代,促进电商直播的健康发展和用户体验的全面提升。

### (二)主播与消费者互动性差距对流量的负面影响

在电商直播的生态中,主播与消费者之间的互动质量直接影响着用户的滞留时长和购买决策。主播与消费者之间微妙的互动性差距往往导致用户体验的断裂,进而对流量造成显著的负面影响。

1.互动性差距的存在削弱了个性化服务的实现

现阶段,电商主播往往管理着成千上万的消费者,面对海量的弹幕和留言,个性化互动成为一项挑战。由于资源和技术的局限,主播难以对每位消费者的需求做出个性化响应,这种"广播式"的交流难以满足消费者求新求异的心理,导致体验下降和观众流失。

2.主播与消费者之间信息传递的不对称导致互动的空洞化

主播往往依靠压倒性的信息优势来驱动互动,但消费者获得反馈的机会并不均等,特别是当涉及消费决策相关的详细信息或疑问时。这种信息的不平衡导致消费者在参与决策时感到不自信,进而阻碍了购买意愿的进一步转化。

3.主播的互动策略与观众期待之间的脱节也是导致互动性差距的原因之一

主播在直播时可能更偏向于推广产品和优惠信息,而忽视了建立起与消费者之间的真实互动和情感联系。当消费者获取到的只是模式化的销售话术而非他们所期望的关怀和娱乐时,他们的参与热情便会迅速冷却,即可能选择退出直播间。

4.技术平台的限制在一定程度上放大了主播与观众间的互动性差距

尽管有些平台开始实施人工智能技术以辅助主播管理互动流程,但人工智能的应用程度与效率仍未普及到位,不能很好地模仿人类主播的亲和力和应变能力。因此,消费者经常体验到一种"机械化"的互动模式,与主播的情感联系被削弱,这种异化的体验易使消费者感到疏离,导致消费者流失。

### (三)直播内容与用户需求不匹配导致的流失

在电商直播领域,消费者流失的问题往往根植于直播内容与用户需求之间的不匹配,这一不匹配性从多个角度削弱了用户的参与意愿与购买动机。

1.直播内容的策划方向与观众期待存在脱节

在很多情况下,电商主播或平台为了追求短期的销售业绩,会倾向于大量推广商品,而减少了对教育性、娱乐性内容的投入。由此产生的内容同质化问题使得用户难以在观看直播时得到新鲜感和价值感。长期而言,当直播内容不能满足或者激发用户求知与乐趣的内在动机时,消费者的参与热情便会逐渐衰减,从而导致流失。

2.直播内容的个性化程度不足也是导致用户流失的重要原因

随着市场的成熟,用户越来越期望获得符合其个人喜好和实际需求的定制化内容。然而,受限于策划和运营能力,许多直播内容尚未做到精准定位,不能为不同消费者群体提供量身定制的服务。直播内容的这种"一刀切"方式忽视了用户差异性,难以吸引或留住那些追求个性化体验的用户,从而导致部分用户群体的流失。

综合以上分析,直播内容与用户需求的不匹配性是导致流量流失的一个重要因素。为了应对这一问题,直播平台和主播需要深入理解用户心理和需求,通过数据分析和市场研究指导直播内容的创作。同时,借助技术和创新手段实现内容的个性化推送,满足不同用户群体的需求,以此增强用户的黏性和转化率,最终防止流量流失,推动电商直播场景化营销的健康发展。

# 第三节　电商直播场景化营销的优化策略

## 一、优化场景搭建，营造不同的视觉效果

### (一)个性化定制：提高场景与品牌形象的契合度

个性化定制是指根据品牌特色、目标市场及用户偏好来设计直播场景，以此提升用户体验并强化品牌形象。以下是个性化定制场景的几个关键步骤。

1. 品牌特色提炼与融合

每个品牌都有其独特的文化和理念，这是品牌区别于竞争对手的关键因素。在场景设计中应深入提炼品牌特色，并将其融入场景中的各个细节。例如，一个强调环保理念的品牌可以采用再生材料和自然元素来布置场景，同时在直播过程中强调产品的可持续性；如果是奢侈品品牌，可使用高端的装饰与道具，配合柔和的灯光设计，来营造一个高雅的购物氛围。

2. 用户偏好的精准识别与整合

要想提高场景的个性化程度，对目标观众的理解至关重要。通过数据分析平台可以收集用户行为数据，进而确定其偏好。然后，这些偏好可用做设计场景时的指导依据。例如，如果目标用户群喜欢活力四射的现代感，场景设计可以使用鲜艳的色彩以及当下流行的设计元素，凸显年轻和时尚。

3. 互动元素的创造性设计

直播的一个主要优势在于实时互动，因此在场景设计中融入互动元素是提高用户参与度的关键。这可能包括设置有奖问答、互动游戏或即时反馈墙等。通过将这些互动性设计有机地融入直播场景，不仅可以刺激观众的参与热情，还能够通过参与感进一步巩固品牌形象。

4. 技术与创新的应用

要在众多直播中脱颖而出，应用最新技术以创新视觉体验是必不可少

的。增强现实和虚拟现实技术的引入可以让观众享受沉浸式的购物体验。例如,使用增强现实工具可以让用户在直播中"试戴"配饰或"试用"化妆品,而虚拟现实技术则可以带领用户进入一个完全由品牌打造的虚拟世界。

个性化定制不仅限于直播的视觉呈现,还应涉及语言风格、主播的着装、产品展示方式等多方面。通过全面的场景个性化,直播营销可以更加精准地传达品牌价值,同时为用户提供独特而愉悦的观看体验。在设计过程中,需持续地以用户体验为中心,通过测试和反馈对场景设计进行迭代优化,以确保最终的直播场景能够真正反映品牌的个性与理念,同时满足目标观众的审美和需求。

### (二)精细化布景:增强直播间的品牌故事讲述

在电商直播的场景化营销策略中,精细化布景的构思与实施是实现品牌故事深层传播的关键步骤之一,其旨在通过有意义和情感共鸣的视觉元素布局,为消费者提供沉浸式的观看体验。[①] 精细化布景不仅仅是视觉美学的体现,更是品牌文化的策略性传递。

1. 布景的精细化设计应体现品牌的核心价值和文化精神

通过对品牌历史、理念、标志性符号等要素的深入研究,设计师能够为直播间塑造出独具一格的视觉符号。例如,对于一个拥有悠久历史的奢侈品牌,设计师可以选取与品牌历程密切相关的元素,如复古风格的家具、艺术作品或者经典款式的展品,这些元素的组合呈现,能够在无声中传递品牌的辉煌与沉淀。此外,善用色彩心理学原理,挑选与品牌调性相协调的颜色,使得整个布景在视觉感知上能引发观众的品牌记忆。

2. 布景设计需要关注细节,以提升直播间的品质感

在这一过程中,不仅仅是选择高质感的背景墙材质、软装配饰等,更在于如何通过每一个小细节来展现品牌独有的审美观。如在直播间摆放精心挑选的饰品、书籍或花艺,可以在细节上彰显品牌对品质生活的追求和理解。同时,这些细节的布置也应考虑与直播内容的逻辑关系,避免过于突兀

---

① 李高勇,刘露.场景数字化:构建场景驱动的发展模式[J].清华管理评论,2021(6):87-91.

或无关联,保证视觉上的和谐与整体性。

3.精细化布景还必须融合互动性设计,以促进观众的参与感

例如,利用可移动的展板或电子屏幕显示热门留言和互动排名,让观众看到他们的参与是有价值和被认可的。另外,可设置特定的互动环节,比如通过扫描布景中的二维码参与抽奖或特定话题讨论,增强观众的互动乐趣和参与程度。

4.布景的灯光与音效配置也是不容忽视的关键因素

合理的灯光布局不但能突出产品特色,还能营造出适宜的氛围,如温暖的光线给人温馨亲切的感觉,冷光则显得更加时尚现代。音效的选择也应与品牌特性和直播内容相匹配,动人的背景音乐或现场调音效果,都能有效地提升直播内容的吸引力和观众的观看体验。

综上所述,精细化布景是场景化营销中的重要组成部分,通过细致入微的设计来提高直播空间的视觉吸引力与品牌故事的讲述力,最终实现与消费者之间情感上的共鸣和品牌价值的有效传递。

**(三)动态化更新:避免审美疲劳与提升购物体验**

电商直播领域正经历前所未有的增长,随之而来的是更激烈的市场竞争和更加挑剔的消费者群体。为了维持消费者的兴趣并持续增加销售额,电商直播平台必须不断创新其场景化营销策略。除了个性化定制和精细化布景的策略,本节将讨论的第三个关键组成部分是:动态化更新。

1.动态化更新的策略需通过不断变化直播环境中的元素来避免审美疲劳

在长时间观看事物的过程中,用户的新鲜感会逐渐降低,这是因为大脑的注意力会随着时间的流逝而习惯于持续不变的刺激。然而,通过适时改变布景内容,比如轮换背景图案、调整物件布置或变化互动框位置,直播场景可以保持新鲜感,从而吸引消费者的注意力。例如,主播可以通过节日主题的场景转换,来增强特定时间点的消费者黏性,比如圣诞节期间使用节日装饰和对应的商品推广策略。

2.动态化更新同样有助于提升购物体验

不仅是从视觉上吸引消费者,让他们感觉每次进入直播间都有新的东

西可看,更是在体验层面创造多样化。适时的场景与活动更新能够引发消费者的探索行为,刺激他们在直播间内自发进行互动,这种互动性提升了他们的购物体验,并可能转化为更高的购买意愿。例如,电商平台可以实施"闪电折扣"的策略,在直播过程中随机选取时间点提供折扣,这种不可预测性增加了观看的紧张感和参与的快乐感,从而激发消费欲望。

3. 动态化更新需要搭建场景系统

实践中,实施动态化更新的首要任务是搭建灵活多变的场景系统。这要求运营团队拥有快速响应市场变化的能力,以及与时俱进的物流支持系统,确保必要的场景道具、技术设备能够随时更新换代。此外,数据分析在动态化更新策略中扮演着至关重要的角色。通过精准分析消费者的行为数据和购买习惯,直播平台能够预测未来的趋势,从而提前准备相对应的场景更新方案,提高针对性。此策略的一个典型例子是使用增强现实技术丰富直播场景。增强现实技术可以在现有的直播环境中增添虚拟元素,创造出随时可变、充满互动性的虚拟场景。举例而言,观众可能透过移动设备看到主播置身于经过增强现实技术渲染的海底世界或太空环境,这种技术的应用不仅让观众惊叹,也可巧妙地结合推广的产品,比如海洋保养品或者科技感十足的电子设备。

总之,动态化更新策略是电商直播场景化营销的关键环节,它确保了平台有能力不断地呈现新鲜的面貌,以应对快速变化的市场需求和消费者的审美疲劳。通过不断的场景更新和技术应用,直播内容不仅更具有观赏性,同时提升了观众的购物体验与互动性,最终推动了消费者的购买行为。电商平台要实现这一策略,必须建立起一个跨部门合作的实施机制,如设计团队与市场分析师的紧密合作,以及技术支持团队的持续优化和创新,共同驱动直播内容与形式的不断革新。

# 二、加强社交裂变,传递丰富的社会价值

## (一)激励用户参与:提升直播互动性与裂变机制

### 1. 精确设定激励机制

为促进用户参与,首要步骤是构建精准有效的激励机制。这意味着需

要识别并利用用户的动机和偏好。例如,通过提供积分、优惠券、限定商品或者会员专享服务,感应用户进行分享、评论和推广。激励机制应与用户的实际需求紧密相连,确保激励既切实可行又具吸引力。适时地给予反馈和奖励,也能显著提升用户的主动性和参与度。

2.打造互动性内容

提升直播互动性,关键在于内容制作与呈现的方式。直播应设计为双向或多向交流的平台,而非单向传播。例如,引入实时问答、投票、抽奖等环节,借此增加观众参与感。直播内容需精心策划,将产品展示、使用教学、娱乐元素等有机融合,保持观众的持续参与和高涨兴趣。同时,主播应具备较高的应变能力和对观众心理的敏感度,以便在直播过程中即时调整互动策略,促进观众的行动转化。

3.优化裂变机制

社交裂变的核心在于通过用户的社交网络快速传播信息。为实现有效裂变,可采取多级奖励制度,让用户成为营销的主动参与者。举例来说,用户 A 分享直播间链接,用户 B 通过 A 的链接进入直播间且完成购买,用户 A 可以得到相应的积分或现金回扣。此外,可以设置裂变目标,当达到一定的分享次数或新用户数量时,提供更大的奖励。这种渐进式的裂变激励模式更加有利于激发用户的参与热情和分享行为。

4.构建社会价值传播

社交裂变不仅是营销技巧,也是一种传递社会价值的手段。在直播内容中融入品牌故事、环保理念、公共利益等元素,可以让用户感受到社会责任和个人参与的价值,这样的内容更易于在用户中产生共鸣并被传播。例如,引入企业社会责任(Corporate Social Responsibility,CSR)元素,呼吁环保,或者支持某一慈善项目。夹带正面社会信息的裂变策略,不仅可以增加品牌的正面形象,还能促使用户因认同而参与传播,实现激励参与和社会价值的双赢。

综上所述,通过激励用户参与,电商直播场景化营销能够释放出更大的潜能。通过精确的激励机制、互动性内容的打造、社交裂变过程的优化及构建社会价值的传播四大策略,不仅可以提高直播互动性和观众黏性,还能通过社交网络的力量,加速信息传播,拓展客户基础,最终实现营销目标和品牌建设的高度统一。

### (二)社交媒体的强化策略:扩散品牌与商品价值

**1. 利用社交媒体多样性构建品牌故事**

品牌故事的叙述与分享是提升用户共鸣和忠诚度的重要工具。利用社交媒体的多样性,品牌应该通过故事化的内容将商品价值与品牌形象相结合,创造富有吸引力和感染力的多媒体内容(如视频、博文、图片故事等),并跨平台传播。

**2. 挖掘精准数据进行目标化推广**

社交媒体提供了庞大的用户数据,通过大数据分析和机器学习技术,可以有效地洞察用户行为和偏好。品牌可以利用这些数据为特定的用户群体定制个性化的广告或内容,确保每条信息都能触及合适的受众。这种精准的定向传播策略,不仅可以提高广告的转化率,也可以强化品牌在用户心中的位置。

**3. 借助社交媒体影响者扩大影响力**

社交媒体上的意见领袖和影响力创造者拥有大量忠实粉丝,他们对粉丝的消费决策有着直接的影响。品牌可以通过与这些影响者合作,利用他们的影响力和信任度来传播品牌和商品的价值。这种合作可以采取多种形式,包括但不限于产品评测、品牌代言、直播联合推广等。通过影响者的权威性和亲和力,可以让品牌信息更容易被接受,同时扩大传播范围。

**4. 构建全方位的社交媒体互动体验**

在当下信息爆炸的时代,用户在社交媒体上的参与和互动是提升品牌认知的关键。因此,品牌应构建全方位的互动体验,如响应用户评论、举办网络活动、提供专属福利、设置挑战赛等,这些都可以鼓励用户的积极参与。[①]通过持续的互动,品牌可以增强用户黏性,同时借助用户的正面反馈和社交行为来扩大品牌和商品的美誉度。

---

① 白洁.农产品电商直播营销策略研究[J].天津职业院校联合学报,2022,24(10):20-24.

在以上策略的基础上,社交媒体的强化策略可以通过多维度、多渠道的方式,提升直播电商中品牌与商品的价值传播。这不仅仅是推动产品销售的简单手段,更是品牌构建与维护长期竞争力的关键。通过策略化的社交媒体运营,品牌能在竞争激烈的市场中占据有利地位,构建起与用户之间的持久连接。

### (三)跨平台裂变与圈层传播:拓展影响力与社交纽带

#### 1.跨平台裂变战略

跨平台裂变战略的成功依托于无缝集成多个社交平台,以实现内容的最大覆盖和用户触达。在这个策略中,直播内容不仅局限于单一平台,而应布局到主流社交媒体,从而实现信息的广泛传播。通过对不同社交平台特性的精准把握,品牌能够定制适合各平台的传播内容,以适应不同社交网络的传播机制和用户行为规律。在操作层面,此策略要求设置统一的传播主题与信息核心,而在具体实施层面上巧妙结合各个平台的用户喜好和互动方式。这种跨平台的内容串联不仅扩大了用户的触及范围,还有助于通过不同渠道的信息重构和验证,提高信息的可信度和影响力。

#### 2.圈层传播战略

圈层传播战略着眼于真实有效的社交纽带,其核心在于精准定位目标受众并深入其社交圈层。品牌不仅仅需要对大众传播,更要关注特定群体或社区的口碑传播。通过建立或渗透兴趣小组、社群、论坛等,可以更直接地与潜在客户接触,并通过这些小圈层的自然互动和推荐,实现品牌信任的自下而上构建。这种圈层传播策略要求对用户的生活习惯、兴趣爱好和社交特点进行细致研究,以便在这些圈层中呈现出高相关性的品牌信息。例如,对于摄影爱好者的小组,品牌可以通过直播摄影相关产品的使用技巧并提供专业交流的平台,针对性地增强与用户的互动和连接。另外,通过倡导用户分享自己的使用经验和场景体验,进一步加强社区内的口碑传播,达到裂变的效果。在实施跨平台裂变与圈层传播策略的同时,还需关注内容与社交文化的契合度,确保信息的适时性和文化相关性,并在此基础上优化用户体验和参与感,以充分发挥社交裂变在电商直播营销中的积极作用。

总的来说,跨平台裂变和圈层传播策略全面考量了社交媒体的多样性和社交圈层的深度影响力,致力于在构建线上品牌共鸣的同时,也实现社会价值的有效传递和影响力的持续扩展。通过精细化运营和战略布局,电商直播不仅能够吸引更多用户的关注,同时也能在用户之间建立起更深层次的消费文化和社交联结。

## 三、规范场景营销现象,建立必要的监管体系

### (一)完善市场把关体系

电商直播行业正处于爆发式增长的关键时期,消费者权益保护和行业规范显得尤为重要。以规范布局市场把关为例,有效推行《网络直播营销行为规范》,这不仅是为了维护消费者权益,也是确保行业健康发展的必要条件。

1.加强直播内容的监管

当前的首要任务是加强对直播内容的监管。目前,直播带货正面临信息不对称问题,消费者很难判断产品质量和真伪。为此,平台需要完善内容审核机制,设立专职的市场把关人,并采用人工智能、大数据等技术手段,对直播商品信息的真实性进行实时监控。监管部门需定期发布监控报告,及时曝光违规事件,强化主播和商家对规范的遵守。在加强监管的同时,直播带货主播应认真准备,确保所推介的商品真实可靠且质量过硬。这不仅是对消费者负责,也是主播个人品牌责任的体现。对此,可引入第三方评测与认证机构,通过严格的商品鉴定和质量控制,增强消费者对产品的信心。这是对消费者权益保护的基本要求,也是行业自我净化的重要机制。因此,应通过法律法规明确主播和商家的责任,建立起一套完善的责任追溯机制,当消费者的权益受损时,可追究相关责任人的法律责任。

2.重视产品品质和商家诚信

直播带货模式本应基于产品品质和商家诚信之上,唯有这样,才能在市场竞争中保持可持续发展,赢得消费者的信任和青睐。这要求行业主体树立正确的价值观,从长远角度出发,致力于产品和服务品质的提升。与此同时,发展电商直播规范要求应通盘考虑,制定分层次、分类别的管理策略,确保行业内各类参与者——无论是巨头平台,还是个人主播和小微商家,都应

严格遵守统一的行业规范。从保障消费者利益的角度考虑,保护消费者个人隐私、建立完善的信息反馈机制以及维权通道尤为关键。这不仅能够促进消费者的积极反馈,还能提高行业的自我纠错效率和能力。

3.媒体应承担监督和教育的双重责任

媒体也应该承担起监督与教育的双重责任。通过加大对违规直播带货案例的曝光力度,以发挥警示和震慑的作用;同时,需开展形式多样的消费者教育活动,提升消费者自我保护能力,并为他们提供更加广泛的发声渠道。

综上所述,在当前电商直播浪潮中,建立健全和完善的市场把关体系成为迫在眉睫的任务。唯有营造一个健康、透明的市场环境,才能确保消费者权益,促进电商直播行业的良性发展。

### (二)加强市场监管

针对电商直播行业的快速发展与日益显现的问题,强调了加强自律与政府监管的重要性。以防止行业过度商业化并保持健康发展为目标,需通过严厉的监管措施和自律机制确保行业的可持续进步。

1.行业自律的强化是实现这一目标的基石

从企业层面而言,头部企业的行为至关重要。企业应强化供应链管理、优化升级流程,引领行业朝规范化的方向发展。通过建立一整套的内部审计和质量控制机制,企业能够在源头上保障产品质量,为消费者提供更为可靠的购物体验。

2.政府监管在其中发挥的作用同样不可或缺

国家网信办在2020年对违法违规直播内容进行的处置行动表明,通过关闭直播间、封禁账号等手段能立竿见影地清理市场环境。政府需进一步探索和建立适应电商直播业态的管理制度与规则,不断调整监管方案以应对新出现的问题和挑战。针对虚假宣传和假冒伪劣商品的违法行为,监管力度必须严厉。实施信用监督和市场准入制度,可以确保进入市场的商家和商品达到一定的质量标准,从而保障消费者权益。这不仅需要全面的立法背景,还需要有效的执法力度和追责机制。对于违法行为,不仅要进行行政处罚,还应建立黑名单系统,实行市场禁入等长期的信用惩罚,以起到震慑作用。

3.鼓励第三方机构参与行业自律体系

政府应该鼓励和支持行业协会、消费者组织等第三方机构参与行业自律体系建设。这些机构能提供行业监督、职业培训、市场研究等服务,强化行业内部的自我监管能力,提升整个行业的服务质量和诚信度。在打击违法行为的同时,对于遵守市场规则、提供高质量产品和服务的企业,政府应实行奖励政策,如税收减免、资金支持、市场推广等,以促进良性竞争。此外,设立公平竞争的市场监管环境,抑制垄断行为,保护中小企业和新入市者,也是推动电商直播行业健康成长的重要方面。

电商直播行业的健康发展离不开政府的精准监管和行业的自我约束。通过综合运用法规制定、行政处罚、信用管理、行业自律与第三方监督等手段,可以构建更加完善、高效的市场监管体系,确保电商直播行业在健康、有序的轨道上不断前进。

## 四、平衡场景角色,增强场景主体的责任意识

### (一)构建角色责任体系

在电商直播领域中的角色指的是直播场景中的所有参与者,包括主播、消费者、商家、平台等,而责任则指的是这些参与者在直播营销活动中应承担的职责和义务。现在,我们将探讨构建角色责任体系的具体策略。

1.明确各角色职责

确保每个角色在直播活动中的职责都明确无误是构建角色责任体系的第一步。对于主播而言,他们的职责在于呈现产品信息,与观众互动,创造愉快的购物体验。对商家来说,责任在于确保产品质量,提供准确的产品描述,以及妥善处理售后服务。电商平台需负责提供稳定的直播环境,确保交易的安全性,同时对平台上的内容进行监管,防止虚假宣传等违规行为。

2.制定责任细则

在角色职责明确的基础上,需要制定详细的责任细则,并严格执行。这应包括但不限于:主播应遵守的直播内容标准、商家必须满足的产品质量控制流程,以及平台对违规行为的惩处措施。这些细则是确保角色行为正轨

和维持场景秩序的法规基础。

3.建立激励与监督机制

为了促使各角色恪守责任,激励与监督机制必不可少,可以通过奖励计划来激励主播和商家提供高质量内容和产品,比如根据观众反馈和销售业绩来发放奖金与提成。① 同时,平台需要通过技术手段和人工监控,确保所有参与者都遵守规定,对违规者给予相应处罚。

4.强化法律法规作用

法律法规是角色责任的最强防线。电商直播活动需要严格遵守国家相关法律法规,并结合行业特点,制定专门政策和标准。例如,在保护知识产权、防范消费欺诈、维护用户隐私等方面应有具体法规支撑,确保电商直播环境的公正和诚信。

总而言之,电商直播场景化营销的优化策略需要从构建角色责任体系做起,这不仅能增强场景主体的责任意识,也能为各角色的协作和互动提供清晰的规则,促进整个电商直播生态系统健康有序发展。通过细致入微的策略实施,建立起一个高效率、高信誉、高互动的直播营销环境,这对于提升用户体验、增强用户黏性,最终实现销售目标至关重要。

**（二）优化主播的自我管理能力**

电子商务直播的兴起改变了传统的网络购物体验,并通过场景化营销的战术,增强了消费者的购物参与感与冲动购买意愿。场景化营销在直播电商中扮演着核心作用,它在激发用户感官体验、增强互动参与和传递商品信息方面发挥了重要作用。在这一过程中,主播作为场景的构建者和推动者,其自我管理能力对优化整个场景化营销至关重要。

1.主播需要建立完善的个人品牌形象

个人品牌的塑造不仅是面对观众的一种承诺,也是对自身职业操守的一种体现。主播应持续学习市场动态、产品知识和营销技巧,以增强其专业性和可信度。通过这种方式,主播可以更有效地连接商品与消费者,创造出

---

① 李子.网络直播的用户内容消费行为及运营策略研究[J].岭南师范学院学报,2022,43(5):91-99.

更有价值的购物场景。此外,个人品牌的建设还应包括制定一个个人行为准则,明确不越过的红线,这有助于塑造良好的公众形象,并预防可能的职业风险。

2.主播的情绪调控也是自我管理中的一个关键环节

直播过程中,主播不可避免地会遇到各种突发状况或负面评论,有效地管理自身情绪,保持积极乐观的姿态,对于保证直播质量至关重要。主播可以通过事前准备心理建设,学习情绪管理技巧,以确保在面对压力时仍能保持专业态度,维护直播场景的积极氛围。

3.时间管理对于主播来说是一个必须掌握的技能

高效的时间管理不仅能帮助主播准备更充分、内容更丰富的直播,而且能确保有足够的时间来关注市场趋势和用户反馈,不断优化自己的直播内容和形式。具体而言,主播可以采用日程规划、任务分解等方法,确保时间的合理分配,同时设定具体可实现的目标,以提高工作效率。

4.主播应增强团队协作意识

尽管直播往往聚焦于主播个人,但幕后团队的运作同样重要。主播应与团队成员进行良好的沟通与协调,在直播筹备和执行过程中形成合力,尤其在内容策划、互动环节设计、技术支持和后期分析中,团队合作尤为关键。通过高效的团队工作,不仅可以减轻主播的工作压力,还可以更快速地应对直播过程中可能出现的问题,从而增强整体的营销效果。

### (三)共建品质信赖的直播环境

在电商直播领域,场景化营销的效果在很大程度上取决于直播环境是否能获取观众的信任。为了共建品质信赖的直播环境,营销策略应着重考虑以下几个优化方向。

1.确立透明化的商品信息披露机制

一个受信赖的直播环境,基础便是商品信息的真实性和透明度。电商平台必须确保主播有能力及途径向观众提供完整、详细且准确的商品信息。这一点可以通过建立严格的商品信息审核制度、培训主播理解并传达商品特性,以及采用技术手段来直观展示产品的实际应用效果来实施。同时,主播应及时回应观众关于产品的查询,这不仅有助于解决消费者的疑惑,还能在沟通中加深观众的信任感。

2.强化质量控制和售后服务体系

直播环境的品质信赖不仅体现在售前的产品展示,更在于售后服务的保障体系。这需要电商平台设立严格的质量监控机制,审查进入直播场景的商品质量,并确保主播对所售卖的商品均有足够的了解,能够对出现的任何问题进行应对。同时,平台应提供便捷的售后服务通道,确保消费者在购买后能够及时获得帮助和解决方案。主播作为前线的沟通者,应该积极与后台的售后服务团队协作,促进问题的快速解决,从而增强消费者的信任和满意度。

3.促进直播销售的规范性和诚信性

在电商直播中,促销手段的使用往往是双刃剑。过于夸张的营销手法可能会对消费者的信赖造成损害,因此,必须在直播过程中推行规范的销售行为,诸如避免使用虚假宣传、不实折扣等欺诈行为。为此,电商平台应建立完善的市场监督机制,对主播的销售行为进行监管,并给予违规行为相应的处罚。同时,培养主播的自我约束和职业道德意识,让他们明白长远发展的基石是诚信,而非片面的短期销售业绩。

4.构建互动参与的社群文化

在直播环境中,消费者与主播之间的互动是构建信赖关系的重要桥梁。因此,优化策略应当包括创建健康的社群文化,鼓励观众参与直播中的讨论、评价和分享。社群的建立可以通过主播的引导、平台的技术支持和政策激励,促使观众在感受到个体价值的同时也对直播品牌产生忠诚度。此外,应用数据分析工具来捕捉消费者行为和反馈,主播和电商平台可以在这些信息的指导下,持续优化直播内容和服务,增强直播环境的吸引力和信赖度。

通过上述策略的实施,电商直播场景化营销将能够在构建信赖的基础上,塑造出更加可靠和优质的消费环境,从而促进业务的健康发展与品牌的长期增值。

## 五、提高主播专业能力,呈现良好的产品效果

### (一)持续学习和产品知识更新

在现代电商直播的营销浪潮中,主播的专业能力成为销售成绩的重要

推动力。因此,提高主播的专业知识和表现能力是必不可少的策略之一。以下将从多个维度分析如何通过持续学习和产品知识更新来优化主播的专业能力。

1.持续学习是提高主播专业能力的基础

在电商直播领域,市场变化迅速、产品日新月异,仅凭过往的知识和经验是难以满足当前消费者需求的。主播需要定期接受最新市场趋势、营销策略、直播技术等方面的培训,这不仅仅是对产品特点和用途的了解,更包括对市场定位、消费者心理、竞品对比等全方位的学习。[①] 比如,参加由电商平台举办的培训课程,或是依赖第三方专业培训机构进行系统学习,都能显著提升主播针对性和互动性的销售技巧。

2.产品知识的不断更新是实现有效营销的关键

主播不仅仅需要了解他们正在销售的产品,更要深入理解产品背后的设计理念、制造工艺、应用场景以及用户反馈。举例而言,一个成功的电商主播不仅会向观众介绍一款护肤品的使用方法,还会解释其成分如何针对不同肤质,甚至是与行业内其他产品的对比分析。因此,主播需要与时俱进地更新产品知识,比如阅读专业杂志、参加产品发布会、亲自体验使用产品等途径,都是不断增加产品知识的有效方法。

3.综合运用多种学习途径也非常重要

学习途径包括在线学习、面对面研讨、实践操作和案例分析等多种方法相结合,能够帮助主播从不同角度和层面深入理解和掌握产品知识。例如,通过网络课程可以快速掌握理论知识,而参与产品的实际操作则能够加深对其性能和优势的理解。同时,与其他主播的交流分享,也是获取一手行业信息和实战技巧的宝贵途径。

4.主播的学习和知识更新应形成系统化和常态化

定期的学习计划、知识测评和更新周期的设定,可确保主播在快节奏的电商环境中不断提升自身专业水平。通过建立起一个全面的知识体系和突发事件应变机制,主播可以在直播过程中迅速应对各种问题,表现出更高的

① 周俪,许基南,沈鹏熠.电商直播场景下顾客参与行为研究:基于激发顾客社会临场感和自我效能感的分析[J].价格理论与实践,2023(2):152-155,203.

专业性和可信度。

综上所述,持续学习和产品知识的不断更新是提高电商主播专业能力的关键。只有通过不断增长的知识和技能,主播才能在竞争激烈的电商直播市场中脱颖而出,为品牌带来更佳效果。

### (二)形象和演讲技巧的打造

在电商直播的竞争环境中,提升形象和演讲技巧对于主播来说同样不可或缺。这不只是为了增强观众的观赏体验,也是塑造品牌形象和提升销售能力的重要手段。

1. 主播的外在形象无形中提升了品牌的吸引力

主播的外在形象构成了观众的初印象,并在无形中增加了品牌的吸引力。形象不仅仅包括着装打扮,还涉及肢体语言和环境布置等多个方面。主播应结合自身风格和营销的产品特性选择适宜的着装,同时保持良好的仪表和姿态。此外,摄影棚或直播环境的布置也应体现出专业和品牌的调性,给观众传达出信任和高品质的信息。例如,通过合适的灯光布置和清晰无干扰的拍摄效果,进一步强化直播的视觉冲击力。

2. 演讲技巧的培养是主播个人魅力展示的关键

有效的沟通能够促进信息的清晰传达,增加互动的激情,促使销售环节顺畅进行。主播需要掌握语速的调控、语调的抑扬顿挫以及情感的适度表达。这不仅能提高消费者的购买兴趣,而且有助于建立主播与观众之间的信任关系。练习如何用稳定而富有变化的语音阐释产品特性,如何巧妙地使用非语言线索如手势或表情强化陈述点,都是不断提升演讲技巧的重要环节。

3. 有效的对话和互动能力对直播效果有着直接影响

主播需具备快速应答观众提问、处理突发状况、调节直播节奏的技巧。这一能力的培养不仅需要理论学习和模拟训练,还需要在实际直播中不断实践。通过角色扮演、情景模拟等训练方式,主播可以提升应对各类观众反馈的灵活性和准确度。同时,建立一套有效的互动脚本,包括问候语、解答常见问题的模板和情绪管理策略等,将进一步加强直播的互动效果。

### 4.持续的自我反思和评价是演讲技巧与形象打造不断进步的基石

主播应经常性地回顾自己的直播录像,分析在表达、互动、形象呈现等方面的优势与不足。通过这种方式,主播能够发现并且解决直播过程中可能存在的问题,不断优化自我表现。此外,从观众反馈中获取信息,也是评估直播表现的重要手段,这有助于主播根据目标群体的特点不断调整表演风格。

综上所述,通过对形象的精心塑造和演讲技巧的不断提升,电商主播可以显著优化其市场表现,从而为品牌创造更高的价值。在竞争激烈的市场中,专业的形象和卓越的演讲技巧将会成为主播脱颖而出的重要条件。

### (三)提升直播带货的互动与展示技巧

在改善电商直播的转化率和用户体验中,互动性和展示技巧起着决定性的作用。以下部分将从四个层面分析如何有效提升直播中的交互效果和产品展示方法。

#### 1.互动技巧的提升对于直播带货成功至关重要

主播需要学习如何有效地引发观众的参与感,包括通过提问、设置投票、开展抽奖等互动环节,以激发观众的积极性。举例来说,主播可以针对性地提出引人入胜的问题,刺激观众思考并参与到直播讨论中。为了达到此目的,主播应掌握观众心理学和互动心理策略,精确把握互动时机和节奏,从而进一步提升观众黏性及购买意愿。

#### 2.展示技巧的精进对于产品呈现至关重要

主播需要熟练掌握将产品特点以最直观、最吸引人的方式呈现给观众的技巧。这包括使用高清摄像技术以清晰展现产品细节,利用不同角度和背景来凸显产品特性,以及通过实用示范来增加产品的可信度。例如,对于美妆产品,主播可以现场示范使用效果,为观众提供更具说服力的购买理由。

#### 3.故事化的内容制作可以有效提升用户的购买兴趣

一个有说服力的故事背景能够吸引观众的注意力,让产品信息更加深入人心。因此,主播需要掌握叙事技巧,结合产品特色创作吸引人的故事线,将单一的商品信息转变为情感丰富、画面生动的故事。此外,故事性内容的引入,还可以增加直播的娱乐性和教育性,为观众带来价值和快乐。

4.技术手段的运用是提升直播互动性和产品展示效果的有效辅助

随着技术的发展,如增强现实、虚拟现实等技术被广泛应用于在线直播中,为产品演示增添了新的生命力,也为消费者提供了全新的体验方式。主播需掌握这些新技术的使用,将其融入直播中,以提供更加身临其境的观看体验,促成购买行为。

总而言之,要在电商直播领域中胜出,持续优化互动与展示技巧是不可忽略的关键策略。通过提升互动能力、展示手法、内容故事化制作以及运用前沿技术,可以大大提高观众参与度,增强商品的吸引力,最终实现销售业绩的显著提升。在激烈的市场竞争中,这将帮助品牌和主播建立独特优势,赢得消费者的信任和支持。

# 六、拓宽场景互动方式,加强消费者黏性

## (一)利用多元化互动功能增强用户体验

在电商直播领域,互动性是构建消费者黏性的关键要素之一。随着技术的快速演进,多元化互动功能不仅可以增强用户体验,而且有助于提升直播营销的效率。电商平台应当不断创新,富有策略地融入多样的互动机制,以此加强与消费者间的联系并推动销售转化。

1.实现互动功能的多样化是提升用户体验的重要途径

众所周知,直播平台的互动功能在简单的弹幕评论、点赞和打赏机制之上已逐渐演化。当前,集成更为动态的元素,如游戏化互动、即时问答、投票与抽奖等,是创造更为丰富体验的关键。例如,引入挑战任务和奖励机制能刺激观众参与直播中的特定活动,并以此获得虚拟货币或限时折扣,这些互动游戏化元素增强了观看直播的娱乐性与参与感。同时,借助高级算法为消费者提供个性化的互动体验,如根据用户的行为和偏好智能推荐相关直播内容,使他们在海量信息中迅速找到兴趣点。

2.技术的创新与应用也是拓展互动方式、提升用户体验的驱动力

近年来,人工智能、虚拟现实和增强现实等技术在电商直播中的应用为用户带来了前所未有的互动体验。通过 AR 试穿、试妆功能,消费者可以在

不离开直播间的情况下试验产品,从而更加直观地理解产品特点,增加购买意愿。AI 技术的融入还可以在直播中实现智能导购,提供实时互动问答回复,从而在消费者与主播之间建立起更加紧密和个性化的联系。此外,数据分析在此过程中发挥了至关重要的作用。利用大数据分析用户互动数据,可以帮助主播和电商平台了解消费者行为和偏好,从而实现更加精准的市场定位与产品推介。

电商平台和主播应该不断探索并实践这些优化策略,以持续提升用户体验,稳固其市场竞争地位。

### (二)打造内涵丰富的直播内容

为了保持消费者的关注并加深他们与电商平台的联系,丰富直播内容的内涵不容忽视。内容的质量直接影响到用户的观看体验和满意程度,进而决定了用户黏性和品牌忠诚度。下面从四个维度探讨如何打造具有吸引力的直播内容。

#### 1. 创意性和独特性

内容的创意性和独特性是吸引观众的首要因素。直播内容应融入创新元素,避免千篇一律,确保给观众以新鲜感。例如,可以策划特定主题的直播活动,结合文化节日或当前热点创建主题型直播内容。此外,主播的个人魅力和表现方式也要独树一帜,这有助于巩固其粉丝群体,并吸引新观众的关注。

#### 2. 深度和专业性

直播内容不应仅停留在表面的产品展示,更应深挖产品背后的故事和价值。高质量的直播内容往往需要融入专业知识,无论是产品的详细讲解、使用体验,还是行业内幕的分析和讲解,都能有效提升用户的知识储备并建立信任感。同时,这还可以通过提供适时的专业解答来满足用户的实时疑问,增强互动性。

#### 3. 情感连结和共鸣

深度的情感连结和共鸣有利于强化用户与品牌之间的黏性。电商直播应当开发具有情感色彩的内容策略,比如分享用户的真实故事、主播的生活日常等,这些内容容易引发观众的情感共鸣,增强观众对品牌的良好感知。

此外,主播与观众之间的实时互动,如直播中的即兴互动,也能够加深观众的情感参与度。

4.效用性和转化导向

尽管娱乐性和教育性是直播内容的重要组成部分,但不应忽视其效用性和导向性。直播应当清晰地展现出产品的实际效用,并引导消费者认识到购买行为的必要性和紧迫感。通过设置限时优惠、独家优惠等转化工具,既能创造交易的紧迫性,也能让用户感受到直播的专属优势,进而提高转化率。

综合上述四个维度,电商直播的内容优化战略应当以用户为中心,不断提炼直播内容的品质,以期达到与用户黏性和品牌形象双赢的效果。内容策略的多维拓展,既要创新引领,又需具备情感价值,更应注重效用导向,这样才能在竞争激烈的直播市场中赢得一席之地。

## (三)结合线上线下活动,创建多场景互动

在当今电子商务高速发展的背景下,传统的线上营销方式已逐步向线上线下融合模式转变。电子商务直播作为市场营销的新兴渠道,其优化策略不应局限于线上环境,还应拓展至线下领域,通过创建多场景互动,维护和强化消费者黏性。本节从四个方面探讨如何有效融合线上线下活动,提升营销效果。

1.线下活动的引流作用不可忽视

通过线下活动为线上直播积累观众是拓展用户基础的重要手段。例如,企业可以在热闹的商业区或人流密集的公众场合举办线下活动,配合线上直播的宣传。在活动现场设置二维码或特殊标志,引导参与者进入直播间,即可实现线下向线上的流量转化。此类活动能够拉近与消费者的距离,增强其对品牌和产品的真实感知,有助于吸引潜在客群进入直播间,提升直播观看率和用户参与度。

2.线下活动可增强直播的体验感

线上直播与线下活动的结合能带来实体体验与虚拟观看的双重享受。比如,在直播过程中实时展示线下活动的场景,让线上观众能感受到线下活动的气氛和现场互动的真实反馈,增加观众对直播内容的兴趣和信任。同

时,线下活动中的实物体验能增强产品的可信度,加深用户对商品的认识,促进购买决策。

3.线上直播为线下活动提供实时反馈与评估渠道

直播功能可用于实时展示线下活动的效果,为品牌与消费者之间提供即时的互动和反馈。主播可以透过直播解答现场客户的问题,同时将信息传递给线上的大众,及时调整线下活动策略,以满足消费者的需求。此外,直播间的数据分析功能可以帮助营销团队即时评估活动效果,如通过观众数量、互动量和销售数据来分析线下活动对线上直播的带动效果,进而优化营销策略。

4.线下活动应与线上活动有机结合,创造一体化营销体验

将线下体验和线上直播相结合,需要一定的创意与战略规划。企业可以通过设计一系列主题活动,如新品发布、节日庆典或限时快闪店,将这些线下活动与线上直播相结合,提供无缝衔接的购物体验。在具体实施时,应着重提升每一个接触点的用户体验,确保线上与线下互动的内容和主题一致性,以构建统一的品牌形象。

综合来看,结合线上线下活动,创造多场景互动,不仅能够为消费者带来新颖的购物体验,而且能够有效地增加消费者对品牌的认知深度和黏性。不断创新直播与事件营销的结合方式,实现市场营销全渠道覆盖,是当下电商直播领域提升用户体验、增加用户黏性的有效策略。

# 第四节   电商直播场景化营销的保障建议

## 一、技术保障

### (一)推动硬件升级

在不断进步的电商直播行业中,专业主播的培养成为促进行业持续健康发展的关键。主播的专业性直接关系到直播内容质量,从而影响观众的

观看体验和品牌形象。为了维系用户的黏性和忠诚度,行业不仅需要注重内容的丰富性和吸引力,还应注重技术层面的配备和支持,确保直播的临场感和互动性。

1.国家对直播行业专业素质要求的提升

《互联网营销师国家职业技能标准(2021年版)》的发布,加之平台和市场对有潜力主播的技术支持,都体现了直播行业专业素质要求的提升。电商直播平台应允许用户在尝试成为主播的过程中接受持续的专业培训,并通过筛选机制保留那些具备专业技能并能够持续吸引粉丝的主播。科技的发展提供了改善直播体验的新工具和方法。例如,随着移动硬件性能的强化和社交媒体功能的多样化,直播技术变得更为先进,主播可以实现更高清晰度的直播画面,更流畅的互动交流,这对于拉近主播与观众间的距离,提高直播的沉浸感至关重要。而这些进步都离不开后端技术设备的不断升级和优化。

2.硬件升级为直播质量的提升奠定了基础

高性能的计算处理器、专业的摄像设备以及高速的网络传输设备都对直播的稳定性和画面质量有着明显提升。电商平台以及直播团队应投资于这些硬件设备,以支持主播创建更丰富、更专业的直播场景,使之更具吸引力。长期投资于主播的专业化发展,并配备先进的硬件设备,将为电商平台带来持续的利益。专业化不仅仅是技术培训,更包括对直播内容、场景设计、用户互动等方面的全面提升。当主播能够在技术支持下展现出色的直播内容时,用户就会产生强烈的归属感和忠诚度。

3.将高科技应用于直播中

应用高科技于直播中不仅能够创造出优越的用户体验,而且有助于建立忠诚的观众群体。例如,采用虚拟现实技术和增强现实技术可以为用户提供身临其境的购物体验,而人工智能辅助的个性化推荐可以使用户的购物体验更加精准和满意。这些科技的应用需依托强大的硬件支持,从而促进硬件的升级。

(二)构建多元化营销场景

在当前不断变革的数字经济时代,多元化营销场景的构建成为品牌差异化竞争的重要手段。结合最新的技术进展,语音交互、图像识别、虚拟现实等技术的融合应用,为营销领域带来了革命性的变化。应用这些技术不仅符合市场对于专业化服务的需求,也为用户提供了前所未有的购物体验,从而提高用户黏性,并最终实现精准营销。互联网市场正面临着前所未有的专业化发展需求。用户的需求变得更加细化和多样化,这就要求营销者能够更准确地捕捉并满足这些需求。

1. 应用语音技术

为了更好地实现精准匹配,语音技术的应用提供了便捷高效的途径。用户无须复杂操作,仅通过语音命令就能够快速进入特定的购物场景,比如说,用户只需读出"我要买运动鞋",智能系统便可推荐相关产品,简化了购物流程,并提升了用户体验。

2. 应用图像识别技术

图像识别技术同样在营销场景中发挥着重要作用。在网络直播中,主播展示的商品往往成为观众关注的焦点。通过图像识别技术,用户观看直播时能够实时地获取到主播所展示的商品的信息,并且可以直接点击购买,极大提高了购物的便利性和直播带货的效率。

3. 应用虚拟现实技术

虚拟现实技术则为用户提供了沉浸式的产品体验。借助 VR 头盔,消费者可以处于虚拟的商店中,尽情地试穿试用各种商品。这种多维、立体的购物体验不仅让消费者仿佛身临其境,更将产品的魅力展现得淋漓尽致,从而提升了决策效率和购买转化率。

尽管这些技术各具优势,但它们的整合应用仍处于不断完善之中。例如,在电商直播领域,技术的融合应用需要更加流畅和自然,以免影响用户体验。同时,算法的精确度亦需要提高,以确保技术的准确响应和服务的个性化。

## 二、制度保障

### (一)完善相关法律法规

随着电商直播行业的兴起和发展,市场监管的需求与日俱增。尽管我国已经通过了《网络交易监督管理办法》以及《网络直播营销管理办法(试行)》,从 2021 年开始,旨在规范线上交易和直播营销行为,但在现实操作中依然面临挑战。主播们往往在面对违法违规惩处时,通过简单地更换直播账号或者转移到不同的平台上,从而逃避法律制裁,导致之前存在的问题并未得到根本解决。这种漏洞的存在表明,仅有的规章制度对那些违规者并没有起到足够的遏制作用。在从法规层面强化电商直播监管中,我国电商市场已初步进入规范化阶段,体现出国家对该行业发展的重视。

然而,依然存在监管的疏漏和执法的不足。目前的关注点主要集中于直播内容中的涉黄、涉暴与虚假信息问题,但在电商直播的快速增长中,涉及个人隐私的侵权行为亦时有发生,且未受到应有的重视。综观未来发展趋势,我们必须认识到整顿和升级电商直播行业规范的迫切性。治理行业内部的乱象,必须从加大法律惩处力度入手,严惩那些在被禁之后仍不愿意整改的主播。同时,构建一个全民参与的监督机制将成为一个重要的发展方向。社会各界的消费者、观众,乃至每一个互联网的使用者,都应成为维护网络环境的监督者。进而,应明确法律规定,在行业内部推行自律公约,确立行业准则,各直播平台也应加强内部管理,共同营造一个公平公正、干净清朗的电商直播环境。

为了达到这一目标,电商直播行业需要从根本上提高透明度,建立清晰的操作流程及规范指南,并将这些要求纳入直播者的合同中。同时,监管部门应继续完善相关法律法规,对违反规定的行为进行明确规定,确保一旦违规行为出现,即可采取迅速且有效的措施应对。只有当行业规范与惩处机制双管齐下,电商直播行业才能在规范化的道路上稳步前行。

### (二)加大审查力度

为了有效遏制电商直播间兴起的违法违规行为,尤其是应对如未成年直播怀孕生子等令人担忧的事件,开展有力的审查和监管变得尤为重要。电商直播已经成为一个繁荣和多元化的行业,但同时它也带来了新的挑战,特别是对监管部门和平台。为了保护消费者,特别是未成年人不受不良信息的影响,我们需要携手合作,加大审查力度并提升平台的责任。

1. 监管加强对于维护直播生态环境至关重要

有关部门应加大力度监督直播内容的合法性,并对于那些违规的电商主播和相关人员实行及时的追责。通过设置观察期、构建行业黑名单,甚至在极端情况下应用永久封禁的策略,能够形成有力的震慑和长效的管控体系。技术整改也是提升审查力度不可或缺的一环。直播平台应当以正确的价值观为核心,调整推荐算法,构建能够过滤不良信息的智能推荐系统。这样的系统应当能更好地理解用户的需求并提供个性化内容,同时排除可能对消费者,特别是未成年人构成误导和危险的信息。特别地,保护未成年人的措施需要得到进一步的强化。电商直播平台须提高入驻门槛,完善身份认证流程。对于未成年观众,平台应设计专属频道或者安全模式,确保这部分易受影响群体不接触到潜在的误导性内容。

2. 大数据、LBS 和云共享技术的规范使用也必不可少

平台应当恪守数据保护的原则,确保用户的隐私安全不被侵犯,同时实施信息脱敏措施,防止用户信息泄露给不法分子或被滥用于其他非法活动。举例来说,未成年人直播怀孕生子事件凸显了当前直播平台中存在的监管缺失问题。在这起事件中,未成年人因直播平台的推荐系统而接触到了不符的内容,并被误导实行与其年龄不符的行为。这要求直播平台不仅要迅速下架相关不良内容,而且还应对推荐机制进行根本性的审查和整改,确保其合法性和合理性。同样,商家在使用 LBS(位置信息服务)进行精准营销时,须保护用户隐私,不能越界使用消费者的位置信息。

综上所述,加大审查力度不仅是维持电商直播健康发展的必要条件,也是保护用户,尤其是未成年人安全的基石。通过严格监管,及时整改,保护未成年人和规范数据与技术的使用,为消费者营造一个更为安全和可靠的电商直播环境。

# 参考文献

[1]付淑换,李琪书,顾惠,等.直播电商背景下国货品牌崛起的演化机制研究[J].经济问题,2024(4):68-75.

[2]孟玲爽.从直播电商看互联网金融的发展趋势与挑战[J].商场现代化,2024(5):22-24.

[3]常耀中.电商直播带货治理模式的结构、成效与转变:交易费用理论视角[J].经济与管理,2024,38(2):49-57.

[4]赵晶晶,杨兰.大数据背景下网络直播电商营销管理的措施研究[J].中国储运,2024(3):202-203.

[5]张艺函,李坤.农村电商直播助力乡村振兴的会展模式研究[J].中国会展(中国会议),2024(4):82-84.

[6]王晶晶,何宇.基于价值共创的农村电商直播创业模式研究[J].中国商论,2024(4):38-41.

[7]肖成成.特色农产品电商直播发展提升路径研究[J].山西农经,2024(3):193-196.

[8]覃绮婧.新媒体时代区域公用品牌场景化营销策略探究:以梧州六堡茶为例[J].老字号品牌营销,2024(3):21-23.

[9]王睿.电商直播营销应用及发展策略探讨[J].商场现代化,2024(4):53-55.

[10]易庭珠,王贞杰,何竺锢.跨文化视角下跨境电商场景营销策略研究:以泰国市场为例[J].商场现代化,2024(4):59-61.

[11]陈晓宇.农产品电商直播助推乡村振兴路径探究[J].山西农经,2024(2):48-50.

[12]李长路,李政春.直播电商与互联网金融的融合模式研究[J].商场现代化,2024(2):19-21.

[13]郭清琳.直播带货营销模式优化思考[J].合作经济与科技,2024(5): 82-83.

[14]王柳杰.电商直播背景下农产品品牌营销策略研究:以偃师银条为例 [J].山西农经,2024(1):195-197,205.

[15]温韬,王计花.电商直播业发展路径与对策研究:以大连市为例[J]. 大理大学学报,2024,9(1):112-119.

[16]陈海涛."短视频+直播"的农村电商创业优势、困境与对策分析[J]. 商展经济,2024(1):63-66.

[17]李子庆,杨威.直播电商供应链价值共创与利润分配机制研究[J].中国 商论,2024(1):45-48.

[18]陆郑义.融媒体时代直播电商经济发展问题分析[J].中国商论,2024 (1):53-56.

[19]戴静雯.数字经济背景下农产品电商直播营销的策略[J].全国流通 经济,2024(1):40-43.

[20]李岳平.基于用户与流量二元模型的5G场景化营销[J].市场周刊, 2023,36(10):87-90.

[21]孟涛,王凯煜,宋兆宽.县级融媒体助农直播带货场景构建的实现路径 [J].西部广播电视,2023,44(18):205-207.

[22]杨鸿.农村直播电商场景化运营实战研究[J].中国果树,2023(9):149.

[23]宋玮.融媒时代网络直播的创新与突破[J].中国地市报人,2023(8): 89-91.

[24]李依麦.场景理论视域下电商直播的社群效应研究[J].湖南工业职业 技术学院学报,2023,23(4):38-41.

[25]周俪,许基南,沈鹏熠.电商直播场景下顾客参与行为研究:基于激发顾 客社会临场感和自我效能感的分析[J].价格理论与实践,2023(2): 152-155,203.

[26]姚群峰.场景营销与产品创新[J].企业管理,2023(7):94-97.

[27]卢静宜.刍议新媒体营销视域下的网红直播电商模式[J].商场现代 化,2023(6):52-54.

[28] 詹希旎,李白杨,孙建军.数智融合环境下 AIGC 的场景化应用与发展机遇[J].图书情报知识,2023,40(1):55,75-85.

[29] 本刊编辑部.在场景化升级的路上笃定前行[J].现代家电,2023(3):10-11.

[30] 王宝义,王寒寒,丁平.直播电商发展的多维逻辑审视[J].工信财经科技,2023(1):87-101.

[31] 刘诗琳.农产品线上品牌化场景营销优化策略研究[J].商业 2.0,2023(5):57-59.

[32] 张旭.浅谈读者需求场景化的思维与方法[J].科技与出版,2022(12):62-66.

[33] 白洁.农产品电商直播营销策略研究[J].天津职业院校联合学报,2022,24(10):20-24.

[34] 夏文.基于电商网络直播的营销策略选择研究:以抖音为例[J].老字号品牌营销,2022(20):15-17.

[35] 李子.网络直播的用户内容消费行为及运营策略研究[J].岭南师范学院学报,2022,43(5):91-99.

[36] 王福,闫雅苹,刘宇霞,等.短视频平台场景化感官服务效用形成机理及其模型构建[J].现代情报,2022,42(10):27-35.

[37] 杨俊,顾华峰.广播节目策划中的"场景化"运用[J].视听界,2022(5):107-109.

[38] 王宝义,丁平,王寒寒.中国直播电商文献检视与研究展望[J].长安大学学报(社会科学版),2022,24(5):80-92.

[39] 唐晓枫.场景理论下网络直播教育平台传播策略优化研究[J].新闻研究导刊,2022,13(16):75-77.

[40] 刘畅.新媒体营销环境下关于网红直播电商模式的研究[J].商场现代化,2022(15):47-49.

[41] 吉奉刚.商业银行打造网点"微商圈"场景营销体系的思考[J].清华金融评论,2022(7):69-72.

[42] 李雨.构建数字时代的多维立体营销服务网络[J].现代金融导刊,2022

(6):45-48.

[43]殳利华.商业模式场景化创新与营销策略探讨[J].商展经济,2022
(11):113-115.

[44]张潇化,赵云海,王琳.逆向整合下"新零售"供应链场景化价值重构
[J].商业经济研究,2022(5):41-44.

[45]高乐如,孟令磊.我国电商直播发展现状、社会影响、存在风险隐患及对
策建议:基于有播电商直播平台发展现状分析[J].国际公关,2022(4):
145-148.

[46]李彦薇.浅析构建场景化创意广告的三大要素[J].传播与版权,2022
(2):99-101.

[47]关清文,张晓林,田贞,等.新发展阶段学校体育教育高质量发展特征、
困囿及路径[J].体育文化导刊,2022(1):104-110.

[48]季家慧,彭碧玉.出版业直播营销模式转型路径探析[J].中国出版,
2021(24):51-53.

[49]康鑫.基于SICAS模型的电商直播场景营销模式研究[J].商讯,2021
(34):134-136.

[50]张志远.探析场景视角下的网络直播带货模式[J].西部广播电视,
2021,42(22):90-92.

[51]李晓英,顾珍珍.移动互联网背景下短视频场景营销策略分析[J].现代
商业,2021(32):40-42.

[52]孙明璐.地铁广告场景化营销模式[J].营销界,2021(Z5):10-12.

[53]黄心蕊.中视频,品牌营销传播新空间[J].国际品牌观察,2021(28):
64-66.

[54]王靖尧,刘可欣,杨慧莹,等.浅谈智能家居产品在酒店场景下营销模式
应用[J].商场现代化,2021(18):70-72.

[55]李平."直播+电商"新型营销模式研究[J].全国流通经济,2021(26):
22-24.

[56]吴申伦.以情分景:主题出版物的融媒体场景营销研究[J].科技与
出版,2021(9):107-112.

[57]朱丽秀,黄雅婷,费亚鹏,等.直播电商对消费者购买意愿影响研究[J].
　　经营与管理,2021(9):59-63.

[58]徐利.浅析移动互联网背景下旅游景区餐饮行业的场景化营销[J].
　　商业经济,2021(9):49-50,94.

[59]陈浩伟.基于大数据的场景化营销体系[J].长江信息通信,2021,34
　　(8):211-213,218.

[60]黄建平,袁宏路,胡学谦,等.基于网格化的移动通信行业场景化营销模
　　型[J].中国电信业,2021(8):68-69.

[61]王羽丹.直播电商模式与营销策略探究[J].营销界,2021(33):41-42.

[62]高涵,陈子威,陈颖,等.直播电商可持续性发展的路径研究[J].新
　　经济,2021(8):89-93.

[63]赵树梅,梁波.直播带货的特点、挑战及发展趋势[J].中国流通经济,
　　2021,35(8):61-71.

[64]王墨然,于宙.论短视频平台的场景化营销与发展趋向[J].声屏
　　世界,2021(15):83-84.

[65]赵玮,廖四成,廖波.面向用户体验的"社交+电商"全场景营销策略分析
　　[J].商业经济研究,2021(15):68-71.

[66]张琴.电商直播在中小型品牌中的推动作用与风险分析[J].数字通信
　　世界,2021(7):159-160.

[67]李高勇,刘露.场景数字化:构建场景驱动的发展模式[J].清华管理
　　评论,2021(6):87-91.

[68]邹学健,王汉鹏,毛枫,等.场景化营销视角下大型体育赛事品牌培育研
　　究[J].当代体育科技,2021,11(15):215-217.

[69]杨芷芸.直播电商2.0:从电商主播到"明星IP"直播特色[J].营销
　　界,2021(21):1-2.

[70]王福,刘俊华,冀强.企业商业模式场景化创新及其营销策略构建[J].
　　中国流通经济,2021,35(5):62-73.

[71]石珍,祝锡永.电子商务直播现状及营销发展研究[J].经营与管理,
　　2021(5):48-52.

[72]王宝义.直播电商的本质、逻辑与趋势展望[J].中国流通经济,2021,35
　　(4):48-57.

[73]俊天明.突破传统物流围墙场景化破局供应链[J].中国食品工业,2021
　　(7):62-64.

[74]王福,庞蕊,高化,等.场景如何重构新零售商业模式适配性:伊利集团
　　案例研究[J].南开管理评论,2021,24(4):39-52.

[75]何丽.场景化+跨屏传播营销初探:以小米为例[J].中国眼镜科技杂
　　志,2021(3):28-31.

[76]陈霄,徐小育,竺一钊,等.创新场景化研究为民企客户提供精准金融
　　支持[J].现代商业银行,2021(3):69-72.

[77]任珊珊.网络电商直播的场景适配及价值理性[J].新媒体研究,2021,7
　　(3):67-69.

[78]孙延玲,杨洁,韩雪.新媒体背景下"直播+电商"模式的现状及发展分析
　　[J].办公自动化,2021,26(3):18-19,50.

[79]丛莉苹.直播电商营销策略及发展研究[J].商场现代化,2021(1):
　　63-65.

[80]桂涛,胡远珍."慢直播"的场景建构与注意力效应:以疫情期间的"慢直
　　播"为例[J].武汉交通职业学院学报,2020,22(4):92-95.

[81]钟妙,邓小辉.网络直播在电商购物平台的应用研究[J].营销界,2020
　　(48):21-22.

[82]陈永晴.直播电商:营销新势能的反思[J].出版广角,2020(21):
　　46-48.

[83]安梦钰,谢巍,王思宁.场景时代实体书店营销策略研究[J].市场
　　周刊,2020,33(11):75-77.

[84]本刊综合整理.场景化营销:有心动才有行动[J].中国合作经济,2020
　　(10):47-50.

[85]陈丹彤.移动互联网背景下跨境电商的场景营销沟通策略研究[J].江
　　西电力职业技术学院学报,2020,33(10):152-153.

[86]刘一鸣,姜鑫.数字出版场景化应用研究[J].传播与版权,2020(10):

20-23,26.

[87] 张智. 移动传播时代下的场景营销:以"三只松鼠"为例[J]. 新闻研究
导刊,2020,11(19):77-78.

[88] 刘琳. 内容增值与场景化营销:作为出版融合发展新方向的"现代纸书"
[J]. 北京印刷学院学报,2020,28(8):7-9.

[89] 高海霞,李亚举,牛小静. 场景视角下的内容营销创新与启示[J].
生产力研究,2020(7):122-126.

[90] 左瑞瑞. 跨境电商出口企业"人—货—场"场景化营销策略[J]. 广东
轻工职业技术学院学报,2020,19(2):19-22.

[91] 段雅楠. 场景营销在新媒体广告中的应用模式及发展趋势探讨[J].
新媒体研究,2020,6(6):37-39.

[92] 王福. 信息接受视域下的移动图书馆场景化营销剖析[J]. 图书情报
知识,2020(1):24-31.

[93] 温丽贞. 移动互联时代跨境电商的场景营销沟通策略[J]. 营销界,2020
(5):67-68.

[94] 刘智华. 知识服务的场景化研究[J]. 东南传播,2020(1):10-12.

[95] 王福,王科唯. "新零售"供应链场景化价值逆向重构[J]. 中国流通
经济,2020,34(2):27-35.

[96] 杨志远. 新电商内容为王要重视包装与创新[J]. 现代家电,2020(1):
27-29.

[97] 周永博. 旅游市场营销场景化案例教学改革策略研究[J]. 福建茶叶,
2019,41(12):32-33.

[98] 吴声. 场景化营销的四大发力点[J]. 销售与管理,2019(14):20-27.

[99] 赵俊丽,柴莉. 社会化短视频的场景营销:以宜家为例[J]. 传播力
研究,2019,3(30):200.

[100] 奚路阳. 链接与体验:移动互联时代的场景营销传播[J]. 新闻知识,
2019(10):7-11.

[101] 叶梦琪. 金融科技在场景化服务中的应用研究[J]. 时代金融,2019
(25):56-58.

[102]于萍.移动互联时代跨境电商的场景营销沟通策略[J].对外经贸实务,2019(9):58-61.

[103]华月明.妙策传媒:构建校园场景营销新生态[J].声屏世界·广告人,2019(9):66-68.

[104]朱涛.场景营销:情感诉求的调动与创意引爆[J].声屏世界·广告人,2019(9):60-62.

[105]程灿灿.地铁广告场景化营销模式探究[J].中国报业,2019(14):14-15.

[106]沈菏生.场景营销是营销新升级的必然趋势[J].企业观察家,2019(6):106-107.

[107]祁明,周慧敏.融合新零售特征的场景营销构建研究[J].现代商业,2019(16):30-32.

[108]于萍.移动互联环境下的场景营销:研究述评与展望[J].外国经济与管理,2019,41(5):3-16.

[109]李易阳.新媒体中的内容场景营销[J].戏剧之家,2019(17):95,97.

[110]李光斗.场景化洞见营销未来[J].现代商业银行,2019(6):54-56.

[111]李琳.移动互联场景营销在广告创意中的运用[J].现代营销(下旬刊),2019(2):78.

[112]桑涛.网络社群营销传播浅析[J].采写编,2018(6):189-190.

[113]李怡璇.电商直播的媒介伦理建构研究[D].开封:河南大学,2022.

[114]王一贺.场景理论视域下短视频平台直播带货研究[D].大连:东北财经大学,2022.

[115]王玺.电商直播网络服务场景对消费者购物意愿的影响研究[D].济南:山东大学,2021.

[116]刘雨静.跨界电商直播的场景传播策略研究[D].济南:山东大学,2021.

[117]滕艳.电商直播场景下的消费者购买意愿研究[D].重庆:重庆工商大学,2021.

[118]王琪琪.场景、构建、价值:电商直播的发展、问题与反思[D].兰州:

兰州大学,2021.

[119]沈丹阳.场景视域下头部网红直播带货现象研究[D].哈尔滨:黑龙江大学,2021.

[120]钟丹.场景理论视域下网络直播平台传播策略研究[D].武汉:湖北大学,2018.

[121]洛佩兹.指尖上的场景革命[M].北京:中国人民大学出版社,2015.

[122]段鹏.传播学基础[M].北京:中国传媒大学出版社,2013.

[123]吴声.场景革命[M].北京:机械工业出版社,2015.

[124]赫伯特·马歇尔·麦克卢汉.理解媒介[M].何道宽,译.北京:商务印书馆,2000.

[125]柯平,高洁.信息管理概论[M].北京:科学出版社,2007.

[126]龚铂洋.直播营销的场景革命[M].北京:清华大学出版社,2016.